골프 치는 경비 아저씨
주식투자 일기

주식투자 일기

초판 1쇄 인쇄 2024년 9월 15일
초판 1쇄 발행 2024년 9월 20일

지은이 양현철
펴낸이 金泰奉
펴낸곳 한솜미디어
등 록 제5-213호

편 집 김태일
마케팅 김명준

주 소 (우 05044) 서울시 광진구 아차산로 413(구의동 243-22)
전 화 (02)454-0492(代), 454-0542
팩 스 (02)454-0493
이메일 hansom@hansom.co.kr
홈페이지 www.hansom.co.kr

ISBN 978-89-5959-589 1 (03320)

*값 13,000원

*잘못 만들어진 책은 구입하신 서점에서 바꿔드립니다

750만 원 종잣돈으로 10억 만든 실전 스토리

골프 치는 경비 아저씨
주식투자 일기

양현철 지음

한솜미디어

☆☆☆
본서에서 소개되는 주식회사들은 필자 개인 판단으로 투자한 것이므로 본 내용에 따라 투자하여 발생한 손실에 대한 책임은 독자 본인에게 있습니다. 그러므로 필자와 출판사와는 무관함을 밝힙니다.

| 저자의 말 |

750만 원 종잣돈으로 10억 만든 실전 스토리

2020년 3월 17일.

드디어 끝났다. 암 덩어리처럼 내 몸에 붙어 나를 24시간 억누르던 빚잔치가 끝났다.

2008년 리먼 사태의 직격탄으로 모든 재산을 다 털어먹고 얻어진 것이 6억8천이라는 빚 덩어리였다.

서울을 떠나기로 했다.

갓 돌을 지난 늦둥이 3째 아들과 아내!

우리는 야반도주하듯 서울을 떠났었다.

2011년 1월 13일 유난히도 눈이 많이 내리던 날에 우리 가족은 예산군 덕산 온천이 있는 덕산면으로 왔다.

이곳에서 나는 빚 갚는 일을 우선 첫 번째로 남은 인생의 목표로 삼았다.

형제들의 도움으로 20여 평의 실내 포장마차를 시작했다. 새벽 2시까지 장사하고 새벽 6시에 일어나 덕산 지역에 있는 인력사무실에 나갔다.

닥치는 대로 무슨 일이든지 했다. 전원주택 공사현장, 돼지농장 똥 치우기, 도로공사 신호수 보기, 과수원 일, 논일, 밭일, 닥치는 대로 했다.

아내는 급하게 구한 일자리 홍성의료원에서 간호조무사로 일하면서 퇴근하는 즉시 포장마차 안주거리를 시장에서 봐왔고 나는 노가다 일이 끝나자마자 포장마차에 달라붙었다.

하루 4시간 정도 잠자는 시간만 빼고 빚을 갚기 위해 피눈물 나게 발버둥을 쳤다.

아내가 버는 돈을 생활비로 충당하고 내가 미친놈처럼 버는 돈은 모두 빚 갚는데 들어갔다.

2020년 3월 17일 끝이 났다. 빚은 그렇게 10년 만에 끝이 났다.

2020년 3월 25일 시작하기로 했다.

빚이 끝나고 일주일! 나는 또 다른 인생을 시작하기로 했다. 그 시작은 주식투자였다. 그때 내 나이 57세였다.

과거 주식투자에 부정적인 생각을 가지고 살아왔던 필자가 주식투자를 하기로 결심했던 것은 신문기사를 보게 된 것이 계기가 되었다.

30년 택시 운전을 하신 분이 주식투자로 30억대의 자산가가 되었다는 기사 내용이었다.

택시 기사 부부는 맞벌이로 고생하면서 번 돈을 생활비 외에는 모두 삼성전자 주식을 매달 적금을 붓는 식으로 투자했다고 한다. 단순히 그러한 내용의 기사였지만 내게는 울림이 크게 다가왔다.

결심한 날로부터 주식 초보자가 읽어야할 책들을 읽기 시작했다. 중요한 내용들은 노트에 빼곡히 요점 정리를 하면서 100일 동안 50여 권의 책을 읽었다. 50여 권의 책에는 공통점이 있었다.

"일단 시작하라"는 것이었다.

"실전만큼 훌륭한 스승은 없다."

아내 명의로 증권계좌를 개설했다. 그리고 750만 원으로 출발했다.

이 책을 출간하기로 마음먹은 것은 나름대로 성공한 필자의 투자 사례들을 통해 희망을 갖는 사람이 한 명이라도 더 탄생했으면 하는 바람 때문이다.

참고로 주식투자를 망설이는 분이 있다면 일단은 도전해 보는 도전 의식을 가져보라고 당부하고 싶다. 도전은 희망이 있는 자에게만 주어지는 특권이다.

도전하게 되면 공부가 되고 공부하다 보면 자신감이 생긴다. "수익은 학습량만큼 증대되는 법"이다. 실패를 두려워하지 말라. 실패도 학습이다. 실패해 보는 만큼 실력은 늘어나게 된다.

네이버 검색창에 들어가 주식투자 실패 사례만 검색해도 나의 스승이 되어줄 수 있는 좋은 사례들이 무수히 많다. 그 내용들은 피가 되고 살이 된다.

우리 부부는 그 동안 주식투자를 하면서 같이 공부하고 좋은 내용들은 공유하며 실천해 왔다.

현재 큰 부자는 아니지만 10억이 넘는 평가금액의 주식과 시골이라 해도 48평 아파트에 사는 것은 강남의 48평보다 가격만 싸다뿐이지 삶의 질은 강남 48평 아파트에 사는 것보다 적지 않은 풍족감을 안겨준다.

매년 지출하는 재산세 또한 강남 48평보다 얼마나 더 싼가? 공기 좋고 온천수 콸콸 넘치는 덕산에서 나의 자산은 지금도 꾸준히 증가하고 있다.

책 제목 보고 이 책을 구독하신 독자님께 강력히 권유한다.

"시작, 지금 즉시 주식투자 시작하라!"

| 차 례 |

저자의 말/ 5

추천서/ 13

제1장 데브시스터즈/ 15

제2장 나는 오리지널 아날로그/ 23

제3장 주식투자에서 피해야할 종목들/ 27

제4장 물타기 불타기 투자/ 33

제5장 돈의 속성을 필독하라/ 37

제6장 당신은 주식투자해서 성공할 수 있는 기본 성향을 가지고 있는가?/ 48

제7장 A라는 친구/ 60

제8장 놀라운 개미들/ 68

제9장 피 말리는 인내의 시간(ATS)/ 76

제10장 열등감으로 똘똘 뭉친 아이/ 86

제11장 주식투자 동반자는 아내/ 98

제12장 444 숫자의 의미/ 106

제13장 벌 때 크게 벌고 손실은 최소화하라/ 111

제14장 주식투자를 위해 귀향하라/ 123

제15장 실패(실수)를 통해 성장할 수 있다/ 131

제16장 골프 치는 경비 아저씨의 꿈/ 135

편집 후기/ 143

추천서

제철소에서 찌는 듯한 더위와 용광로의 열기…

유해한 분진을 뒤집어써야 하는 열악한 작업조건에서 함께 일하며 이미 경제적으로 자유를 얻은 필자가 왜 이 고생을 할까? 하는 의구심이 있었다.

그 답을 찾기에는 오랜 시간이 걸리지 않았다. 과거 뼈아팠던 상황을 극복하고 오늘에 이르기까지 부의 축적을 소중히 생각하고 지키기 위한 필자의 마인드이고 초심을 잃지 않으려는 자세가 아니었을까 짐작해 본다.

본인이 스스로 경험하고 이룬 성취 노하우를 혼자 영위하지 않고 과거 어려울 때 필자와 같은 처지에 있는 사람들에게 꿈과 희망을 심어주는 책이라고 생각되며, 어려운 사람들에게 등댓불이 되어줄 수 있는 내용이라고 생각한다.

이 책은 주식투자를 계획하고 있는 분들이나 이미 시작하신 분들에게 유용하고 성공의 불기둥이 될 것이라 확신한다.

2024년 7월 27일
홍성에 사는 62년생 강경원

제1장
데브시스터즈

첫 장의 사례를 실패사례로 할까? 성공사례로 할까?
생각 끝에 성공사례담으로 결정했다.

그게 독자들을 위한 서비스라고 내 딴에 생각했다.

필자가 "데브시스터즈"에 관심을 갖게 된 것은 주식투자를 처음 시작한지 6개월째 되는 2020년 10월경이었다. 당시 시대적인 환경은 코로나가 전 세계를 지배하면서 검증 안 된 코로나 백신 관련주들이 판을 지배하는 세상이었다.

또한 외출이 자유롭지 못한 환경 속에서 집에 박혀있는 시간들이 많다보니 게임 관련주들도 기지개를 피던 환경이었다. 당시 나는 빚을 모두 갚은 이후에 당진의 현대제철소 일용직으로 막일을 하면서 일거리만 있으면 물불 안 가리고 달려들어 1개월이면 30공수 이상 일을 채워 월평균 380만 원 정도의 수입이 있었다.

750만 원 가지고 시작한 주식에 3개월 동안 막노동으로 벌은 1천만 원 정도를 추가 투자해서 총 투자금으로 1,750만 원이었으나 주식투자 초보답게 750만 원 초기 투자금은 흔적도 없이 날아가고 1천만 원의 투자금만 쓸쓸하게 지키던 때였다.

그렇게 열심히 책을 보고 하루 4시간 이상씩 공부했음에도 불구하고 필자의 초창기 주식투자는 엉망진창이었다. 더 이상 실패하면 안 된다는 간절함에 새로운 종목을 선정하던 중에 만난 것이 "데브시스터즈"였다.

3일 동안 집중적으로 파고들어 종목 공부를 했다. 상장일! 상장수량! 최대 주주 주식 보유수량도 괜찮았다. 네이버에 데브시스터즈의 기술력을 검색해보니 쿠키런 킹덤이라는 자체 브랜드 게임에 세계인들이 즐기며 충성도 높은 소비층이 형성되어 있는 상황이었다.

처음 주식투자 3개월 동안의 실패를 경험삼아 종목선정에 좀더 신중히 접근했던 나는 고민을 끝내고 매수를 결정했다. 최종 매수결정의 가장 큰 이유는 영업이익율이 15%를 웃도는 회사의 경쟁력이었다.

2020년 10월 23일 금요일을 디데이로 잡았다.

매수 시간은 오후 3시에서 3시30분 사이!

공부한 티를 낸 것인가?

그동안 보았던 책들에서 교훈을 얻었던 것일까?

아무튼 필자는 그렇게 결정했었다.

주당 11,100원, 110만 원을 추가로 급전해 1천 주를 매수했다. '만약 손해 보는 상황이 발생하더라도 절대 후회하지 않으리', '코로나가 금방 종식될 것 같지도 않고' 이런 생각들을 하면서 매수했던 것 같다.

결과는 대성공이었다. 매수한지 6개월도 안 돼 데브시스터즈는 미친 듯이 상승하기 시작했다.

현실적으로 믿어지지 않는 상승률이 나를 들뜨게 했다. '큰 욕심 없이 30%의 수익만 보고 빠져나오리라' 생각했던 나는 100%의 수익을 올리는 시점에서도 매도를 하지 못하고 두려움에 떨고는 했었다.

매수보다 매도가 어렵다는 말이 그때 뼈저리게 다가왔다.

"주가가 하락하기 시작하면 그때 빼는 게 어때요."

아내의 의견이었다.

"그래, 벌써 100% 이상의 수익을 보고 있으니 하락할 조짐이 있으면 그때 빼지 뭐."

그렇게 생각을 정리했다.

데브시스터즈는 하락의 기미를 보이지 않았다. 조금 빠졌다가도 다시 힘차게 상승했고 상승의 기류는 필자가 주당 12만8천 원에 매도해서 투자금의 1,000%이상 수익을 남겨줄 때까지 계속되었다.

순식간에 증권계좌에는 1억이 넘는 돈이 생겨났다. 데브시스터즈에 투자한지 6개월도 안되어 맞은 돈벼락이었다.

그 이후 데브시스터즈가 하락하기 시작해 주당 75,000원대 재 매수하여, 주당 195,000원에서 빠져나올 때까지 채 1년6개월이 안 걸렸으니 데브시스터즈는 내게 은인 같은 종목이었다.

데브시스터즈 투자결정 후일담으로 필자의 늦둥이 아들 이야기를 잠시 늘어놓고자 한다.

지금 이 글을 쓰고 있는 해가 2024년 7월이니까 필자의 늦둥이 아들은 현재 덕산중학교 2학년이다. 아들만 셋인 필자는 큰아들과 늦둥이의 나이 차이가 20년이나 된다. 둘째 아들과도 18년 차이이다.

필자의 나이 47세, 아내의 나이 45세 때 얻은 늦둥이다. 전혀 상상도 생각도 못했던 일이었다.

여담으로….

미국의 리먼 브라더스 사태로 인해 당시 서울에서 부동산 디벨로퍼 사업을 하던 나는 그 직격탄을 그대로 얻어맞고 한 달 한 달, 하루하루 그야말로 지옥 같은 좌절감을 느끼면서 고통의 나날을 보내던 때가 있었다.

1년만 더! 한 달만 더! 하루만이라 더! 버티다 버티다 필자는 두 손을 들었었다.

마지막으로 모든 걸 정리하기로 한 날!

필자는 직원들이 모여 있는 단상에 서게 되었다. 할 말은 많은데 시작할 말을 찾지 못한 나는 왼쪽 가슴에 가벼운 통증을 느껴 손을 대던 중 양복주머니에 무슨 봉투가 들어있는 느낌을 받았다. 뭔가 하고 꺼내보니 아내가 쓴 편지였다.

"요즈음 너무 힘들어하는 당신을 지켜보면서 이 글을 씁니다.

당신께서는 그동안 남편으로서 아이들의 아빠로서 최선을 다해왔고 항상 멋진 남편, 멋진 아빠였어요.

우리는 끝까지 당신을 믿어요. 시베리아 벌판이면 어때요. 사하라 사막이면 어때요. 우린 당신만 있으면 돼요.

힘내세요. 우린 당신을 믿어요.

당신을 사랑하는 아내가."

가슴이 뭉클했다.

간결한 내용이었지만 몇 백 장의 편지보다 진한 감동이었다. 나는 소리 내어 직원들에게 아내의 편지를 읽어주었다.

그렇게 모든 미련을 버리고 사업을 정리하던 날!

그날 저녁 나는 아내를 뜨겁게 안았었다. 너무도 뜨거웠던 그날 밤, 늦둥이가 잉태된 건 아니었을까.

2010년 6월 11일 늦둥이는 태어났고, 30년 만에 한번 돌아온다는 하얀 호랑이해에 태어난 늦둥이 아들을 나는 백호라고 이름 지었다.

주식을 처음 시작하던 해에 백호가 덕산초등학교 4학년이었다. 노래에는 반드시 타고난 음치가 있듯이 필자는 신기할 정도로 기계치다.

변기 같은 것이 고장 나서 고쳐보려 하면 더욱더 망가트리기 일쑤였고 컴퓨터도 간신히 인터넷 검색만 하는 수준이고, 게임 같은 것은 더더욱 할 줄 모르는 국가 대표급 아날로그이다.

애들은 신기하게도 컴퓨터 같은 기계를 잘 다루었고 누가 알려 주는 것인지 게임 같은 것도 귀신같이 재미있는 것을 찾아내 즐기고는 했다.

"데브시스터즈라는 게임 프로그램 개발 회사가 있는데 어떤 게임들이 있는지 알아봐 줄 수 있겠니?"

그러자 아들 백호의 대답은 간단했다.

잠시 검색해보더니 쿠키런이 유명하며 젊은 사람들이 엄청 즐기는 게임이라고 했다. 백호의 이 한마디가 데브시스터즈 투자결정에 절대적인 영향을 미쳤다.

돌이켜 생각해 보니 데브시스터즈란 종목선정과 투자결정은 나와 아내, 늦둥이 아들의 합작품이 아니었던가 싶다.

간혹 아내 모르게 비자금으로 주식투자한다는 사람들의 이야기를 들어본 적이 있다. 남편 모르게 주식투자한다는 이야기 또한 들어본 적이 있다.

왜? 왜일까?

아내 모르게 남편 모르게 돈 벌어서 어디다 쓸려고?

주식투자를 하시는 분들께, 하고자 하시는 분들께 아주 강력히 권유하고 싶다.

필자는 필자를 위해서 돈을 벌겠다는 생각을 단 한 번도 가져본 적이 없다. 단, 필자에게도 꿈과 야망이 있어 돈 벌려고 주식투자를 하는 것이겠지만… 필자는 항상 가족이 최우선이었다. 가족을 위해 돈을 벌고자 하는 사람이 왜 가족에게 비밀로 할까?

한 사람의 기도보다는 한 가족의 기도에 염원의 강도가 높아지듯이 가족이 힘을 합쳐 같이 공부하고 종목선정하고 기도하는 힘을 더하면 주식투자에서의 수익성도 그만큼 증대하지 않을까 생각해 본다.

투자자님들이여, 가족과 함께하십시오. 그리고 그 기쁨을 함께 나누도록 하십시오.

제2장
나는 오리지널 아날로그

　기계치가 무슨 자랑도 아닌데 또다시 고백하건데 필자는 정말 세계 챔피언급 아날로그이다.

　이 이야기를 자꾸 거론하는 것은 그럼에도 불구하고 필자가 주식투자를 하는데 있어 전혀 걸림돌이 없다는 것을 강조하기 위함이다.

　오히려 득이 될 때가 많다. 어떠한 점들이 득이 될까?

　컴퓨터를 능숙하게 다룰 수 없으니 필자는 모든 중요한 내용들을 필자의 투자일기에 수기로 기록하게 된다.

　수많은 주식투자 관련 책들을 보았을 때 차트나 그래프 없는 책이 없고, 도표 없는 책이 없고, 사진 없는 책이 단 한권도 없었다.

　진짜 전문가들이 출간한 책들 다웠고 보기에도 좋아 보였다.

그러나 필자에게는 이상하게도 그런 도표들이나 차트 그래프 등이 가슴에 와 닿지가 않았다.

연별, 반기별, 분기별, 월별, 주간, 일일 등으로 자신들이 나름대로 관리하는 기법을 정리한 내용들을 사진 찍어 책에 담는 내용들도 별로 가슴에 와 닿지가 않았다.

필자가 거만하거나 싸가지 없어서가 아니다. 필자의 생각은 이렇다.

책을 통해서 정보를 얻었다면 시간투자를 해서 직접 검색해 보라는 것이다. 그냥 읽고 보고 이해되었다고 지나치는 것보다는 본인이 직접 검색해 보고 찾아본다는 것은 스스로 노력한다는 것을 의미한다.

100억을 번 주식투자자가 있다고 치자. 그리고 그가 했던 기법들을 각종 도표나 관리 노트를 보여 주었다고 치자. 그것이 자신의 것이 될 수 있을까!

절대 아니다. 절대 그렇게 될 수가 없다. 자신의 환경과 능력에 맞는 자신만의 기법을 찾아내는 것만이 오직 정답이다.

세상은 편리함을 추구한다.

신문도, 뉴스도, 핸드폰으로 접하는 시대이다. 필자는 굳이 고집스럽게 신문을 구독해서 본다. 불편함이 따른다.

더구나 덕산 지역에는 신문보급소가 전부 문을 닫은 지가 오랜 전이다. 예산 읍내에는 아직 존재하지만 덕산 지역까지 배달해 주는 보급소는 없다. 그래서 하루 지난 신문을 본다.

서울에서 우편으로 배달해 주는 신문을 보기 때문이다. 필요한 중요 부분들을 오려서 스크랩해 놓았더니 사과 박스 2개 분량이다.

앞으로도 계속 늘어날 것임이 틀림없다. 필자는 왜 이토록 미련함에서 벗어나지 못하는 것일까?

답은 하나이다.

필자는 주식투자를 해서 돈을 벌어야 되고 그런 방식이 필자에게 도움이 되기 때문이다. 더구나 피드백의 효과를 떠나 지난 신문을 보다 보면 그때 당시의 시대적 상황들이 자연스럽게 떠오른다. 치매 예방에도 좋은 효과가 있지 않을까?

백세시대를 누구나 염원하는 때가 온지 오래전이다. 주식투자는 백세가 되어도 할 수 있는 고품격, 유일무이, 유아독존이라 표현해도 절대 과하지 않은 고소득자의 노동이다.

언젠가 필자가 직원들한테 강조했던 말이 문득 떠오른다.
"20대의 젊은이에게서 60대의 쇠퇴함을 느낄 수 있고 80대의 노인에게서 20대의 젊음을 볼 수도 있다."
그렇다. 어떤 마음으로 어떻게 사느냐 그것이 중요한 것이지 기계치라서 아날로그인 것은 절대 부끄러운 것이 아닌 것이다.

제3장
주식투자에서 피해야할 종목들

피해야 할 종목들

주식투자를 해서 손해를 보고 망하는 지름길이 있다. 학습을 통한 종목선정이 아니고 지인 등 누군가의 말을 듣고 종목을 선정하는 방법이 첫 번째 지름길이다.

내가 집을 사고 팔 때 내가 결정해야지 누구의 말을 들어야 한단 말인가. 물론 조언은 필요하다.

주식도 마찬가지이다.

내 돈으로 하는 것이니 내가 결정해야 한다. 어떤 종목을 얼마에 사서 얼마에 팔아야할지 내가 결정할 문제이다. 때문에 내가 전문가가 되어야 한다. 그러므로 학습은 필수이다. 어느 정도 학습량이 쌓여 있어야만 상대방의 조언도 이

해가 되는 것이다.

필자의 아픈 경험을 밝히고자 한다.

완전 초급일 때도 아니었고 조금은 자신감이 생겼을 때의 이야기이다. (출판사 편집자와 통화했더니 실명이나 회사명을 그대로 밝히는 것은 문제의 소지가 있다하여 익명으로 기재함)

증권 방송에서 ○○맥이라는 종목을 접했다. 지금은 회사명까지 변경된 것으로 알고 있는데 당시 필자는 귀신에 씌었던지 그 종목에 푹 빠져 버렸다.

코로나가 기승을 부리던 시기에 ○○맥의 자회사가 코로나 치료약을 개발하고 있으며 알약으로 먹는 경구약이 개발될 경우 대한민국 역사상 상상을 초월하는 수익을 볼 수 있다며 증권 방송 애널리스트는 입에 거품을 물고 있었다.

꺼림칙하면서도 2천만 원 정도를 투자했다.

결과는 6개월 거래정지.

필자는 거래정지 해제 후 50% 이상 손실을 기록하고 다행히 빠져나왔지만 이때의 경험이 나중에 크나큰 도움이 되었음은 천만다행이었다. 만약 그때 필자의 전 재산을 투자했더라면 필자는 어찌 되었을까. 생각만 해도 아찔한 경험이었다.

그 이후 아무리 적은 돈도 어떤 종목에 투자할 때는 신중에 신중을 기했고 ○○맥은 필자에게 한편으로 따지면 선생님이기도 했다. 그렇다면 필자가 잘못 판단했던 투자할 당시 ○○맥이 어떠했는가?

① 매출은 쥐꼬리 만큼인데 상장주식수는 3억 주가 넘었다. 이는 그동안 무수히 많은 유상증자를 통해 경영자금을 늘려왔다는 증거이다.

② 자회사들끼리 얽히고설킨 지분들이 투명성하고는 거리가 먼 회사였다.

③ 대표이사(여사장)가 과거 증권사에 근무했던 경험이 있다.

④ 미·중간의 경제 갈등으로 ○○맥의 주 생산제품인 핸드폰 부속품이 중국 수출 제한으로 인해 매출이 급격히 하락하는 중이었다. 이에 회사는 탈출구를 찾기 위해 자회사를 통해 의약품 생산사업에 심혈을 기울이게 되었다.

⑤ 여사장 주변에는 과거 주식시장에서 문제를 일으킨 인물들이 존재한다.

이와 같은 내용들은 ○○맥이 거래 정지된 후 필자가 파고들었을 때 인터넷을 통해 이미 올라와 있는 내용들이었다. 네이버는 고맙게도 ○○맥의 경쟁력, ○○맥의 과거, ○○맥 대표이사 등 필요한 검색어만 누르면 필자가 몰랐던 ○○맥에 대해서 정보를 알 수 있게 해주었다.

투자하기 전 종목을 고를 때 그 정도만 검색했어도 그런 뼈아픈 실수는 하지 않았을 것을….

필자의 실수는 그래도 나은 편이라고 누군가는 말한다. 주식투자하면서 상장폐지 한번 당해 보지 않으면 진정한 고수가 아니라고…. 그런데 그럴까?

그런 아픈 경험 없이 성공할 수 있는 주식투자자도 있기 때문에 필자는 그건 아니라고 본다.

이 책을 구독해 보시는 전국의 경비 아저씨들, 정년퇴직 후 제2의 인생을 준비하시는 분들, 주식투자에 실패해 어려움을 겪고 계시는 분들을 위해 여기 주식투자 시 피해야

할 종목들을 나열해 보기로 한다.

① 상장주식수가 회사의 규모나 매출액에 비해 지나치게 많은 종목.

② 부채가 자본보다 비율이 2배 정도 많은 종목(단, 그 부채가 회사의 미래를 위한 설비투자나 신규투자로 인해 생긴 부채이면 주식을 싸게 살 수 있는 또 다른 기회이기도 하다).

③ 유상증자를 자주하는 종목.

④ 전환사채를 자주 진행하는 종목.

⑤ 대표이사의 지분율이 매우 낮은 종목.

⑥ 회사명이 자주 바뀌는 종목.

⑦ 자회사는 많은데 실속은 없는 종목.

⑧ 상장 후 보호예수 물량이 6개월~1년 내 풀릴 수 있는 수량이 많은 종목(이런 종목은 관망 후 상장된 이후 1년 정도가 지나 관심을 가져도 괜찮다).

⑨ 대표이사가 자주 바뀌는 종목.

⑩ 대주주의 지분이 지나치게 높아서 유통주식수량이 아주 적은 종목.

⑪ 대표이사의 가족 중심으로 중역이 이루어진 종목.

⑫ 대표이사가 과거에 문제를 일으킨 적이 있는 종목.

⑬ 거래정지 후 거래재개 되는 종목.

⑭ 인적, 물적 분할이 예상되는 종목.

이 정도 항목 정도만 파악할 수 있는 학습 능력을 키운다면 당신은 주식투자를 시작할 수 있는 자격을 얻은 셈이다.

호기심에 진정한 고수가 이 책을 보고 비웃는다 해도 어쩔 수 없는 일이지만 필자의 책은 고수를 위한 책이 아님을 참고하시길 바란다.

제4장
물타기 불타기 투자

물·불타기 투자

실력 있는 진정한 고수는 불타기 종목을 통해 고수익을 얻는다는 내용을 책과 방송을 접해서 보고 들은 적이 많다.

책을 쓰면서 고수들의 비웃음을 맞이할 수밖에 없는 내용을 이번 장에 담고자 하면서 고민스러운 부분이다.

그러나 이 책은 고수들을 위한 책이 아니다. 주식투자 처음 시작할 때 필자의 환경과 비슷한 사람들을 위한 책임을 다시 한번 밝힌다.

필자는 단 한 번도 불타기 투자를 해본 적이 없다. 왜였을까?

굳이 그 이유를 찾는다면 자존심이었을까? 아마 맞을 것이다.

　종목을 선정할 때 심사숙고했고 확신을 가지고 투자했으며 기다리던 가격에 매수했다. 매수한 가격에서 떨어지면 추매(물타기)를 했고 심지어는 주식담보대출까지 활용해서 물타기를 했다. 결과는 항상 좋았다.

　그렇다고 100% 성공했다는 것은 아니다. 한두 번 빼고는 거의 다 성공했으니 결과가 좋았다는 것이다. 물론 피 말리는 고통스런 순간들도 필연적으로 따른다.

　그러나 본인이 확신만 있다면 그 고통은 운명처럼 극복할 수가 있다. 언젠가는 불타기를 한 번 해보고 싶은 욕구가 있었다. 한 번도 가보지 않은 길이라 두려움도 많았다.

　투자실패 사례들을 다시 검토해 보았다. 아득한 옛날처럼 느껴지는 카카오 왕국시대의 예를 보자.

　카카오가 16만 원을 돌파해서 20만 원은 무조건 된다고 절대 다수가 복종할 때 이미 필자는 38,000원 때 매수해서 16만 원에 빠져나온 때였다.

　국회에서 독점·과욕·골목상권 침해 등을 문제삼으며 카카오가 시련을 겪게 된 것은 불과 일주일 후였다. 그때 불타기의 고수였다는 한 투자자의 후기 담을 보았다.

"과욕이었다. 내 인생 최고의 실패작이다."

불타기 고수의 아픈 고백을 예외로 한다 치더라도 실제 필자의 주변에도 카카오가 10만 원을 돌파하자 20만 원은 무조건 된다며 불타기를 하다가 16만 원에도 빠져나오지 못하고 지금까지도 평단가 14만 원에 어쩔 수 없이 보유하고 있는 사람이 있다.

돌이켜보니 필자는 1주당 10만 원 넘는 주식을 단 한 번도 매수해 본적이 없다. 몇만 원에 사서 10만 원 넘는 가격에 빠져나온 적은 열 손가락 안에 드는 숫자이지만 꽤 여러 번 있었으니 괜찮은 투자성적표가 아닐까?

이에 나름의 투자원칙이 있었고 원칙에 충실하고자 했던 단순 논리를 밝히는 바이다.

① 발목이나 무릎에서 들어가 배꼽에서 빠질 수 있으면 성공이다.
② 가슴에서 빠지면 더 큰 성공이고 그것이 과욕이 아니라는 확신을 가질 수 있어야 한다.

③ 목에서 빠질 수 있다면 그것은 천운이고 그런 기회는 단 한 번만이라도 있으면 내게는 축복이다.

④ 결코 상투까지 먹으려하지 마라 왜냐하면 난 개미일 뿐이니까?

제5장
돈의 속성을 필독하라

『돈의 속성』을 필독 정독하라

필자가 주식투자를 하면서 읽은 책들의 수량은 일반인들의 상상을 초월한다. 몇 권이나 읽었는지 필자도 정확하게 기억하지 못할 정도이니 말이다.

그러나 주식에 관련된 책들을 닥치는 대로 읽어댔고 섭렵했지만 다섯 번 이상 재 필독하고 정독한 책은 남석관 님의 『평생 부자로 사는 주식투자』, 성현우 님의 『개미 5년 세후 55억』 두 권 정도가 주식투자와 관련해 필자에게 감동과 영감, 결단력을 주었을 뿐이다.

무슨 차트 기법이니 무슨 기법이니 하면서 발행된 책들은 그저 말장난으로 느껴질 뿐 가슴에 와닿지 않는 내용들이 대부분이었다.

필자의 길지 않은 주식투자 인생에서 주식투자에 나름대로 성공했다고 자부할 수 있게 해준 책이 있으며 필자의 인생관을 바꾸어준 책이 있었으니 김승호 회장님의 『돈의 속성』이었다.

필자는 이 책을 품에 간직하고 잠자리에 들 정도로 아끼고 사랑했으며 만나 보지도 못한 김승호 회장님을 이순신 장군님을 존경하듯 그 분을 존경하는 마음으로 살아왔다.

만나는 사람들마다 이 책을 사서 읽어 보기를 권유했고 집안의 가보로 삼으라는 말까지 덧붙여 주고는 했었다.

그만큼 필자에게 감동과 감격! 울림을 주었던 책이다.

필자가 쓴 글을 읽으신 독자께서 필자 덕에 이 책의 제목을 아시게 되었다면 반드시 구매해서 필독하시기를 강력히 권유한다.

필독하신 후 주식투자를 결정한다면 당신은 이미 절반은 성공한 것이나 마찬가지이다.

필자의 나이가 올 해 환갑이니 5년 전 주식투자에 처음 발을 들인 것이 57세 때였다.

불혹의 나이나 지천명의 나이 때 주식투자를 시작했어도 늦었다고 평가 받았을 진데 이순의 나이가 거의 다되어 주식투자를 시작했으니 늦어도 많이 늦은 편이다.

'내 나이 20대나 30대 초반에 『돈의 속성』 같은 책이 있었고 그 책을 읽었다면'하고 생각해 본 적이 있다.

그러나 사람에게는 운명이라는 것이 존재하기는 하는 듯하다. IMF 때 사냥 레저용품 도매사업으로 한 번 망해 보고 리먼 사태 때 디벨로퍼 사업 망하고, 돌이켜보니 대한민국 근대화 이후 큰 두 번의 경제위기 때마다 필자는 운명처럼 망하곤 했다.

좋은 뜻으로 해석하면서 지난날을 돌이켜보니 젊은 날들의 그때는 엄청난 돈을 벌어본 것도 사실이지만 그 돈들을 내 품을 떠나지 못하게 진정 내 것으로 만들지 못했고 거만함과 방탕함으로 인해 돈들이 "야! 주인 잘못 만났다. 우리 딴 주인 찾아가자", "우리의 가치를 제대로 인정해 주는 곳으로 가자." 그렇게 서로 의견 통일을 이룬 후 나를 떠난 것이 아닐까 하고 진지한 반성을 해본다.

또한 한편으로는 세상만사 산전수전 겪어 보고 늦은 나

이에 주식투자를 하게 된 것이 오히려 주식투자에는 크나큰 도움이 되지 않았나 생각해 본다.

올해 환갑인 필자는 처음으로 울릉도를 거쳐 독도를 다녀왔다. 환갑 자축연이었던 셈이었다. 아내와 같이 가고 싶었으나 늦둥이 아들 백호 때문에 아내는 동행하지 못했고 혼자서 여행을 즐기게 되었다.

울릉도! 너무너무 가보고 싶었던 곳이다.
아내는 몇 달이라도 마음껏 쉬고 오라 했고 "울릉도에서도 주식투자를 할 수 있잖아"하면서 나의 마음을 편하게 해주었다.
열흘 계획으로 기분 좋게 출발했고 울릉도 해안도로 전 구간이 개통되었다는 소식을 듣고 차를 가지고 가기로 했다.
차량을 승선하려면 울진 후포항을 이용해야 한다. 출발시간을 여유 있게 계산해서 후포항에 도착했다. 배가 떠나는 시간은 08:30분이었으나 한 시간 전부터 차량을 배에 승선시키기 시작했다.

출발! 드디어 출발이다.

동해바다에서 배를 타 보는 게 얼마만이던가.

28년 만인 듯 했다. IMF 때 사냥 레저용품 도매사업이 망하기 전에 속초에 있던 종합총포사 사장님이 바다낚시 마니아였던 관계로 그 사장님의 권유로 멀미하면서 잡아 올린 광어새끼를 세꼬시 회를 해먹었던 기억이 아련하게 떠올랐다.

네 시간이 넘는 운항 끝에 울릉도 사동항 여객터미널에 도착했다.

사동항 도착 전 배어서 멀리 보이는 울릉도는 한 폭의 그림 같은 모습이었다. 작지만 강건해 보였고 작지만 높아보였다.

갈매기들의 환영 속에 첫발을 내딛은 나는 황홀했다. 얼마나 와보고 싶었던 곳이던가!

때 마침 점심때라서 사동항에 도착한 나는 독도새우부터 찾았다. 마침 사동항에 비치온관광호텔이 있었다. 그곳에다 일단 1박 숙소를 정하고 독도새우를 맛볼 수 있는 2층 식당으로 갔다. 1박 요금은 16만 원이었다. 테이블들마다 관광객들로 가득 찼으나 나처럼 혼자인 경우는 없어보였다. 멀뚱히 잠시 서 있었더니 점장이라는 아주머니가 한쪽 자리를 안내해 주었다.

한 접시 15만 원, 혼자 먹어도 독도새우는 한 접시에 15만 원이었다.

점장 아주머니 말씀대로 독도소주 1병과 독도새우를 주문했다. 외국의 정상들이 국빈 방문했을 때 만찬 메뉴로 올린다는 독도새우!

얼음 그릇 위에 놓여 팔딱거리는 독도새우들의 모습이 TV에서나 보았던 색깔의 화려함과 선명함으로 인해 더욱 싱싱하게 보였다.

능숙한 손놀림으로 점장 아주머니는 여러 종류의 독도새우를 먹기 좋게 손질해 주었다.

첫맛! 담백했다. 그리고 약간 단맛이 났다. 가족들에 대한 미안함을 애써 감추며 소주 반병이 없어지는 동안 한 접시는 순식간에 사라졌다. 양이 차지 않았다.

증권플러스 앱을 검색했다.

울릉도에 오면서 고른 초단타 종목이 120만 원의 수익을 내고 있었다. 즉시 매도 주문을 넣고 채 3분도 안 되어 매도 알림이 증권사를 통해 핸드폰에 찍혔다. 매매수수료 빼고도 115만 원이 넘는 수익!

"아주머니, 여기 한 접시 더 주세요."

주식투자 하는 재미는 이런 것이어야 한다.

두 접시를 모두 비우고 소주 한 병을 비우고서야 포만감이 밀려왔다.

계산을 하려니 점장 아주머니가 봉투를 들고 왔다. 독도새우머리 튀김을 한 것이란다. 그때서야 나는 독도새우를 먹기 좋게 손질한 뒤에 머리를 따로 챙겨갔던 아주머니의 행동이 생각났다. 양은 만만치 않았다.

이미 배는 불렀고 난처했다. 그때 선착장에 내릴 때 갈매기들이 관광객들의 움직임을 따라 무리로 이동하는 것을 본 것이 생각났다.

나는 다시 호텔에서 그리 멀지 않은 선착장으로 가서 무리지어 있는 갈매기들을 만났다.

나는 독도새우 새우머리 튀김을 골고루 갈매기들에게 나누어 주었다.

힘센 놈들만 먹지 못하도록 구석구석 이곳저곳으로 던져 주었더니 약한 놈도 잽싸게 한 번쯤은 먹이를 먹어 치우곤 했다.

"쟤들 횡재했네, 사람도 먹기 힘든 독도새우를 저렇게 포식하니 말이야."

지나가던 관광객들이 했던 말이다.

다음날, 나는 새벽같이 눈을 떴다. 호텔에 짐을 풀고 저녁 시간에 다시 2층 식당을 찾아 독도새우 1접시와 소주 1병을 더 비웠던 나는 밤새 잠 한번 깨지 않고 천국에서 누리는 행복인 듯 깊은 잠을 편안히 잘 자고 새벽같이 눈을 떴다.

습관처럼 전날의 실시간 미국증시와 세계 뉴스를 검색했다. 다우존스, 나스닥 종합, 필라델피아 반도체 등 모두 큰 폭의 상승으로 마감 중이었고 다우 운송주들만 적지 않은 하락폭을 그리고 있었다.

호텔 밖으로 나오니 해 뜨기 전이었으나 환하게 밝아 있었다. 먼지 한 톨 없는 맑은 공기가 한없이 기분 좋게 내속을 파고들었다. 울릉도에서만 맛볼 수 있는 오징어 내장탕으로 해장하고는 차를 몰고 해안도로를 한 바퀴 돌기로 했다. 군데군데 말이나 글로 설명할 수 없는 비경들이 신비롭게 펼쳐진 울릉도 해안도로!

핸드폰에 사진에 담아 볼까 생각도 했으나 그만두기로 했다. 반드시 다시 한번 올 생각이 강하게 들었기 때문이었다.

다음에는 아내와 함께할 울릉도 해안도로를 드라이브하면서 느낀 신비로움들은 글 솜씨가 부족한 필자로서는 더 이상 표현할 방법이 없다.

독도에서 느꼈던 가슴 찡한 감동이라던가, 나리분지에서 맛보았던 황홀감이라던가, 힘들어서 중간에 포기하려 했던 성인봉 등산이라던가, 10일 동안의 울릉도 여행에서 느꼈던 감동과 감미로움은 아무리 필자가 노력한다 해도 글로 다 표현할 수 없다.

단지 필자가 뜬금없이 울릉도 여행기를 잠시 늘어놓은 것은 김승호 회장님의 『돈의 속성』 책에서 보고 느낀 것을 아주 적게나마 실천했다는 것일 뿐 거창한 의미는 없다.

열심히 살아온 자기 자신을 소중히 하고 자신의 가치를 적게나마 높이는 방법, 김승호 회장님처럼 프라이빗 제트 비행기를 전세 내어 최고급 세계 여행은 못할 지라도 꼭 가

보고 싶었던 울릉도를 마음 편히 열흘씩이나 여행했다는 것은 필자에게 큰 의미가 있었다.

더구나 필자가 열흘 동안 울릉도 여행을 하면서 거의 8백만 원 정도의 여행 경비가 들어가는 풍족한 여행을 했음에도 불구하고 필자의 주머니에서 나간 돈은 단 한 푼도 없었다는 얘기를 하고 싶었다.

왜냐구요?

필자는 주식투자를 하는 사람이니까.

실제로 필자는 울릉도 여행 10일 동안 필자의 재미있게 하는 주식투자 방법으로 천만 원 정도의 수익을 얻었고 그것도 초단타 투자 종목으로 매수·매도해서 증권계좌에 예수금으로 입금되었으니 사실상 공짜 여행을 하고도 이백만 원 정도의 수당을 받은 셈이다.

주식투자를 하다보면 인생사와 마찬가지로 즐거운 날들보다 힘들고 고통스러운 날들이 훨씬 더 많다. 해본 사람들은 누구나 느껴보았던 경험이겠지만 피를 말리는 고통까지도 수반되는 것이 주식투자이다.

그러나 그럼에도 불구하고 우리는 꿈이 있는 삶을 사는

인간이기에 주식투자를 해야 한다. 실패도 따를 수 있고 괴로움을 끌어안고 사는 인생이 될 수도 있다.

그러나 이겨내면 된다.

어떻게?
학습량을 늘리면 된다.

자신이 투자하고자 하는 종목을 파고들면 된다. 그것도 아주 깊이 그 종목의 심장까지 파고들면 된다.

결코 어려운 것이 아니다. 당신은 성공할 수 있고, 당신도 노력할 수 있는 꿈 있는 사람이다.

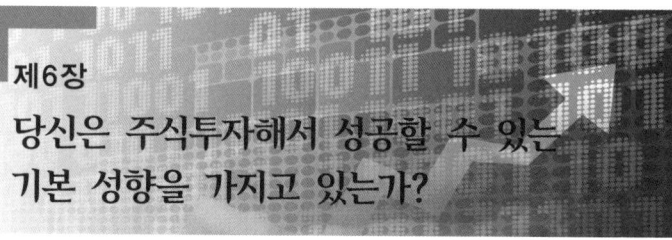

제6장 당신은 주식투자해서 성공할 수 있는 기본 성향을 가지고 있는가?

당신은 주식투자해서 성공할 수 있는 기본적인 성향인가? 아닌가?

세상에 공짜는 없다.

모든 경제활동의 소득에는 남모르는 노력이 필히 따르게 된다. 필자의 지난날의 삶을 아는 많은 사람들이 필자에게 주식투자로 돈 버는 방법을 알려 달라고 했던 적이 많이 있었다.

주식투자로 큰 수익을 얻었던 때에(데브시스터즈) 필자는 기꺼이 성실하게 진심을 다해 그들의 상담요청을 받아들이고는 했었다.

"결론은 절대 상대하지 말라"이다.

발목에서 들어가 가슴에서 빠진 수익을 보았음에도 매도

이후 상투 끝의 수익을 보지 못했다는 원망 아닌 원망만 돌아올 뿐! 수익 낸 종목을 추천했어도 원망!

몇 달 동안 잠잠한 종목을 추천했어도 원망!

더구나 매수 이후 하락이라도 하는 날이면….

득이 전혀 될게 없는 장사이다.

필자는 주식투자에 관심을 보이는 지인들에게 반드시 짚어 주었던 말들이 있다.

① 뉴스 보기를 즐기는가? 안하는가?

② 신문보기를 하는가? 안하는가?

③ 책보기를 좋아하는가? 싫어하는가?

④ 한 달에 책은 몇 권 정도 읽는가?

⑤ 당신이 존경하는 인물은 누구이며 왜 존경하는가?

⑥ 살아가면서 극도의 화가 치미는 일을 만나면 어떻게 해소하는가?

⑦ 당신의 경제상식이 어느 수준인지 단 한 번이라도 생각해 본적이 있는가?

이 책을 읽으시는 독자 분들도 한 번쯤 자신의 성향을 파악해 볼 필요가 있는 항목들이다.

주식투자를 시작해서 망가지는 사람들의 성향을 파악해 보면 지극히 단순하면서도 절대 중요한 내용의 공통점들이 있다.

"누가 그 종목이 좋다고 사라 그래서."

"유튜브 보고."

"경제전문가가 애기하는 방송을 보고."

"투자 애널리스트 방송을 보고" 등등.

자신의 피 같은 소중한 돈을 투자하면서 자신이 발품, 금전투자 품, 열정 품을 팔아 투자했다는 얘기를 들을 수가 없다. 그저 쉬운 귀품만 팔 뿐이다.

100% 실패하는 주식투자들의 정신세계이다.

그동안 주식투자를 해오면서 필자의 삶의 방식이나 생활 습관을 잠시 소개하고자 한다.

필자는 본래 잠이 많지 않은 편이다. 더구나 새벽 2시까지 포장마차 장사하고 새벽 6시에 인력사무실을 나가느라 오랜 세월 하루 4시간씩만 수면을 취했던 습관이 남아있어 지금도 하루 4시간 이상을 자면 머리가 둔해지는 느낌을 받을 정도이다.

  세상이 얼마나 좋아졌는지 필자가 살고 있는 덕산면에는 면단위 시골임에도 불구하고 예산군이 운영하는 작은 도서관이 있다. 수많은 책들이 있고 더구나 1년에 2번 상반기 하반기로 나누어 보고 싶은 책을 신청하면 재정이 허락하는 한 구입해서 진열해 주는 고마움을 베풀어주고 있다.

  또한 책을 얼마든지 대여해 주고 있으니 얼마나 고마운 일인가?

  국가의 정책으로 운영되는 일이니만큼 덕산면 뿐만이 아닌 전국적인 현상이 아닐까 생각한다.

  스마트폰의 등장으로 신문을 구독해 보는 이들이 급격히 사라지고 편리함만을 추구하며 그 편리함에 모두들 중독되어 갈 때 필자는 국가대표급 아날로그답게 꾸준히 신문을 구독해 읽기를 포기하지 않았고 월평균 책 10권 읽기를 포기하지 않았다. 주옥같은 책들이 얼마나 많은가?

  과거에 보았던 『태백산맥』, 『아리랑』, 『한강』, 『무궁화 꽃이 피었습니다』, 『조선왕조 5백년』, 『토지』, 『문화탐방기행』, 『김약국집의 딸들』, 『임꺽정』 등등 이루다 열거할 수 없이 주옥같은 책들이 진열돼 있는 곳이 지역 독서실이다.

필자는 이러한 책들을 필자가 투자한 종목이 하향세를 그리거나 지루한 일자선을 그릴 때 집중적으로 읽었다.

'기다림이 필요했으니까' (주식창을) '들여다봐야 재미가 없으니까' 그렇게 몇 달 지나면 필자가 선택한 종목은 반드시 필자에게 수익을 선물하고는 했다.

주식투자를 하다보면 주식창을 아예 보고 싶지 않은 때가 있다. 나름대로 철저한 권리분석을 하고 투자한 종목일지라도 주식은 반드시 기다림의 미학을 요구하지 않는 종목이 단 1개도 없다.

그래서 1~2개월 후에 반드시 써야 될 급전을 주식에 투자하지 말라는 투자원칙이 생겼을 것이다.

필자는 보통 밤 12시 이전에 잠자리에 들지 않는다. 그 시간에 실시간 미국증시를 확인하고, 달러 환율을 확인하고, 세계뉴스를 확인하다. 그리고 새벽 4시나 5시에 기상하여 다시 한번 똑같은 확인을 반복한다.

투자금이 백억도 천억도 아니면서 유난 떤다고 생각할 수도 있다. 그러나 절대 그게 아니다. 대한민국 증시는 절대적인 미국증시의 영향을 받는다.

또한 환율의 상승과 하락으로 인한 환차익을 노리는 외국투자자본이 대한민국 증권시장에 들어와 있는 한 달러 환율의 변동 폭을 파악하지 않을 수가 없다.

"신스틸"이란 종목을 보유했을 때의 이야기다. 미국의 바이든 대통령이 중국철강(스틸) 제품에 고관세율을 적용하겠다는 말 한마디에 그날 신스틸 주가는 장중 한때 25%의 수익률까지 치솟은 적이 있었다.

필자는 이미 무릎선에서 투자를 해놓은 상태였었고 조금씩 상승과 하락을 거듭하면서 배꼽까지 차있는 생태였었다. 새벽에 세계 경제뉴스를 통해 바이든의 발표 내용을 접하고 그날 매도를 결정했다.

필자의 예상은 그대로 맞아 떨어져 그날 장중의 최고가로 전량 매도에 성공했다. 이미 무릎에서 배꼽까지 수익을 보고 있는 상태에서 25%의 추가 수익을 보았으니 기분이 째질 만도 하지 않은가?

주식투자하는 사람들에게 뉴스는 중요하다. 국내 뉴스뿐만이 아닌 세계뉴스도 중요하다. 세계가 돌아가는 상황에 따라 천당과 지옥을 오가는 종목들이 무수히 많다.

주식투자하는 사람에게 있어 습관도 중요하다. 좋은 습관 말이다. 손절매도 하다보면 습관이 되고 그에 따른 손실에도 쉽게 포기하는 것 또한 습관 때문이다.

나름의 원칙을 세워 놓고 그 원칙대로 종목을 고르는 것도 습관이요. 새벽마다 미국증시, 세계뉴스를 검색하는 것도 습관이다.

연봉 6천만 원짜리 회사에 다니는 사람이 있다고 치자. 그 사람은 6천만 원 연봉을 받기 위해 습관처럼 일을 하게 된다. 새벽같이 일어나 출근하고 차 막힘에 시달리고, 상사와 동료들의 눈치를 봐야 하고….

하루 일과에서 큰 보람을 느끼고 마무리 할 수 있으면 좋겠지만 대부분 그렇지 못한 것이 현실 아닌가?

6천만 원으로 주식투자를 한다고 가정해 보자. 손해 볼 수도 있지만 습관만 좋게 들이면 얼마든지 6천만 원 이상의 수익을 볼 수 있는 곳이 주식시장이다.

공부하는 습관, 파고드는 습관, 뉴스 보는 습관, 정리하는 습관은 정상인이라면 얼마든지 해낼 수 있는 습관들이다.

필자는 이러한 습관들 외에 주식투자에 "재미 붙이는 습관"을 만들어 냈고 지금까지도 계속 진행하고 있다. 처음 투자했던 750만 원이 휴지조각처럼 사라져 버리고 그때 겪었던 충격은 이루 말할 수 없었다.

'그래, 주식은 아무나 하는 게 아니지.'

'그 돈이 어떤 돈인데….'

택시 기사 30억 자산가 된 기사 내용을 보고 주식투자하기로 마음먹었던 필자는 주식에 관련된 50여 권의 책을 읽고 나서도 일단은 부자 택시 기사님처럼 한 번 해보기로 마음먹고 삼성전자 주식을 돈만큼 매수했었다.

액면분할되기 전 같으면 2주도 살 수 없는 돈으로 주당 84,000원 88주를 샀으니 큰 부자가 된 느낌이었다. 더구나 88주라니… 팔팔하게 잘 될 거야 그런 마음이었다.

주식투자를 해보겠다는 마음을 처음으로 갖고 이 책을 읽으시는 독자분이 계신다면 필자의 경험담이 큰 도움이 되었으면 하는 바람이다.

한 달이 흘렀다. 돈은 날마다 쪼그라들고 있었다. 재미를 느낄래야 느낄 수가 없었다.

1년에 4번씩 배당하는 배당금을 생각해 보며 위안을 삼고자 생각도 해보았다. 하지만 한 달 담뱃값도 안 되는 배당금에 가슴이 식어버렸다.

동전주에 눈을 돌렸다. 기본적인 권리분석 항목이 머리에 있었으나 행동에는 없었다. 더구나 필자가 선택한 동전주 종목이 어느 날 증권방송에서 떠들어 대고 있었다.

결과는 "거래정지".

지금 생각해 보면 초보 투자 3개월의 경험이 필자에게는 크나큰 교훈이었고 그때 포기하지 않고 다시 재도전한 스스로에게 감사할 따름이다.

각설하고, "데브시스터즈"로 주식투자에 엄청난 재미와 보람을 느끼게 된 필자는 그때부터 좀더 주식에 재미를 느끼는 방법을 생각하게 되었다.

중·장기 2개 종목에는 분산하여 덩어리 좀 크게 넣어놓고 천만 원이나 2천만 원 정도로 하루에도 몇 번씩 사고팔 수 있는 초단타 종목을 발굴하기 시작했다.

① 주당 2~3천 원대
② 등락폭이 심한 종목

③ 자산이 부채보다 많은 종목
④ 작전세력들의 움직임이 활발한 종목
⑤ 거래량이 많은 종목 등

몇 가지 선정기준으로 찾아낸 종목이 제일 먼저 엑셈, 아이엘 사이언스, MDS테크, 모아데이타 폴라리스 오피스 등이었다. 이들 중에서 한 종목을 골라 그때그때의 흐름에 따라 종목을 바꿔가면서 초단타 매매를 진행했다.

앞장에서도 고백했듯이 필자는 국가대표급 아날로그이다. 증권계좌를 개설할 때도 아내 명의로 개설했고 매도·매수 또한 필자의 작전 지시대로 아내가 진행했다.

2024년 5월 나의 계좌를 따로 개설할 때까지 부부 합작으로 주식매매를 진행했으니 참으로 고마운 여보이다.

필자가 아무리 아날로그 기계치라 해도 스마트폰 시대에 카톡 문자 주고받는 건 능숙하게 할 수 있었으니 그나마 천만다행이라고나 할까.

이 글을 쓰면서 그동안 작전사령관인 필자의 지시대로

소대장의 임무를 충실하게 이행해 준 사랑하는 아내에게 진심으로 감사의 마음을 전한다.

아내는 당시 어린이집 보육교사로 근무 중이었고 얼마나 많은 주변의 눈치를 보면서 힘들었던지 나중에 평가금액이 10억을 넘어서던 날에 우리 부부만의 조촐한 파티에서 아내는 술기운에 울면서 당시의 고통이나 괴로움을 내게 한풀이를 마음껏 했었고 내게 했던 말이 지금도 사랑스럽게 내 가슴에 남아 있다.

"그래도 진짜 재미있고 신났었어! 당신이 시키는 대로만 하면 날마다 돈이 늘어나니까! 정말 재미있었어."

필자는 정말 재미있게 주식투자를 했다. 초단타 종목을 몇 개 선정하고 흐름에 따라 종목을 수시로 바꿔가면서 오전 일찍 매도하고 오후 3~3시30분 사이에 매수하고… 오전에 팔았다가 오후에 떨어지면 수량 늘려 재매수하고….

글을 쓰다 보니 거저먹기처럼 쉬운 초단타 투자이야기가 되어버렸는데 서두에 밝혔듯이 "수익은 학습량만큼 늘어나는 법이다."

큰돈은 중·장기 투자종목에서 벌어들이고 필자의 용돈

이나, 생활비, 늦둥이 학원비, 아내의 여가 생활비, 양가 부모님의 용돈, 형제들의 생일 선물 등등 소소한 비용들은 그날그날 용돈 벌어 쓰듯 초단타 매매종목들에서 벌었다.

  앞으로 주식투자를 계획하고 있는 분이 계시다면 필자가 경험했던 사례를 직접 체험해 보기를 권유한다.

  단, 반드시 이 말을 기억해 주었으면 한다.

  "학습량만큼 수익은 늘어난다"는 것을···.

제7장
A라는 친구

2023년 1월, 한 겨울의 이야기다.

뉴스를 검색하던 중 한국화학연구원과 연결된 켐트로스라는 회사에 관심을 갖게 될 무렵이었다.

전기차에 대한 관심도가 하늘을 찌르던 시기!

전기차 화재에 대한 뉴스도 심심치 않게 보도되던 때였다. 한국화학연구원에서 전기차 화재를 줄일 수 있는 화학 원료 기술을 개발했고 켐트로스에 기술 이전했다는 내용이 필자에게 관심도를 높여 주었다.

'상장주식수', '상장일', '최대 주주 지분율', '부채관계', '회사의 기술력', '대표이사의 경력' 등등을 파악하고 마지막으로 대표이사의 얼굴을 놓고 늦둥이 백호와 아내와 더불어 인물평(관상)을 하기로 했다.

주식투자하면서 공부했던 책들 중에서『개미 5년 세후 55억』성현우 지음을 보고서 느끼며 깨달았던 내용들이 너무 많았는데 특히 본인이 투자하는 회사의 대표님 관상까지 보고 투자했다는 내용은 그 간절함과 진지함에서 필자의 감동을 일으키기에 충분했다.

켐트로스 대표님의 관상은 우리 가족의 합격점을 받았다.

"아빠, 사람이 진실해 보여요."

우리의 늦둥이 백호의 인물평이었다. 필자도 그랬고 아내 역시 마찬가지였다.

켐트로스 주식을 보유하고 싶은 욕심 때문이었던지 대표의 얼굴 사진에서 필자는 믿음을 느꼈다.

필자는 고민도 가능한 적게 하고 행동은 재빨리 실행하는 편이다. 주당 6,800원에 3만주를 베팅했다.

'전고체 배터리가 실용화되기 전까지는 투자가치가 있다.'

당시 필자는 최종적으로 그런 생각을 하면서 최소 1년 정도는 보유하겠다는 생각이었다.

당시에 필자는 당진시에 있는 H제철소에 다니는 중이었다. 빚을 모두 청산한 이후 필자는 포장마차를 바로 정리했었다.

장사가 안돼서라든가 하는 이유는 아니었다. 밤낮으로 돈 벌어서 빚 갚는 게 우선이라서 어쩔 수 없이 선택한 길이었지만 빚을 모두 청산하고 나니 더 이상 어린 사람들한테 술주정 받으면서 장사하고 싶은 마음이 사라졌기 때문이었다.

포장마차의 특성이랄까?

1차에서 포장마차로 술 마시러 오는 손님들은 많지 않다. 2차나 3차 밤 12시가 넘어서면 술이 술을 마시러 오는 손님들이 대부분이다.

큰아들보다 나이 어린 손님들한테 싸데기 얻어맞은 적이 한두 번이 아니었고 술 취해서 자기네들끼리 싸워서 기물을 파손하는 일들이 수시로 일어나는 곳이 포장마차이다.

한 번은 이런 일도 있었다. 늘씬한 모델 같은 30대 여인이 술을 마시러 와서는 산낙지를 무려 세 접시나 시켜먹고서는 화장실을 다녀온다며 밖으로 나갔다. 테이블을 언뜻 보니 핸드폰이 그대로 있는 것 같기에 그러려니 했다.

1시간이 지나도 그 여인은 나타나지 않았다. 그때서야 이

상한 느낌이 들어 테이블의 핸드폰을 집어보니 그것은 핸드폰이 아닌 껍데기 핸드폰 지갑이었다. 장사가 싫어졌다. 그래서 접었다. 그리고 지인의 도움으로 H제철소에서 일자리를 얻었다.

좋은 마음으로 켐트로스에 투자해 놓고 다시 일상에 충실하기로 했다. 당진 H제철소는 H자동차그룹의 대기업이지만 필자처럼 나이 먹고 기술 없는 사람들에게는 막노동 외에는 할일이 없다.

추운 겨울에는 손가락 끝이 시려 가벼운 고통을 느낄 정도의 환경에서 삽질을 해야 한다. 한여름에는 팬티는 물론이고 작업화 신은 양말까지 땀이 흘러내려 흠뻑 젖을 정도로 작업환경은 녹록치 않다.

방진복은 일을 마치면 걸레처럼 지저분해지고 마스크는 땀과 분진으로 얼룩지고 안전모는 이곳저곳에 부딪힌 흔적으로 멍투성이다.

반면에 정규직들은 억대가 넘는 연봉에, 하청업체의 정규직들도 노동조합의 파워로 인해 고액의 연봉을 받는 것에 비해 일일용역 노동자들의 삶은 어느 세상이나 마찬가지겠지만 최하위의 인간 대접만 있을 뿐이었다. 그래도 필자에게는 너무너무 고마운 H제철이었다.

일할 수 있는 공간이 있어 좋았고 일할 수 있다는 게 행복했다. 야근이든, 공휴일 특근이든 필자는 일만 있으면 무조건했다.

한 푼이라도 더 벌면 필자는 사고 싶은 종목의 주식을 1주라도 더 살 수 있다는 생각에 정말 힘들어도 힘든 줄을 모르고 일을 즐겁게 하곤 했다.

그렇게도 고마운 직장인 H제철이지만 필자는 단 한번도 H제철 주식에 관심을 가져본 적이 없다. 그 이유는 간단했지만 책에서 밝힐 수는 없다.

그때 같이 일했던 동료 중에 공씨 성을 가진 필자보다 10년 연하의 사람이 있었다. 정말 열심히 사는 사람이었다.

장비 다루는 기술이 있어 H제철 하청업체에서 2교대로 근무하면서 일이 없는 낮시간을 활용하기 위해 낮에 용역업체를 통해 필자와 같은 일을 했던 사람이었다.

말없이 묵묵히 일만 하는 친구였는데 틈만 나면 핸드폰을 열고 주식창을 확인하는 게 필자의 눈에 여러 번 띄었다. 반갑기도 하고 궁금하기도 해서 필자가 먼저 접근하게 되어 친하게 되었는데 주식투자는 3년 정도 되었다고 했다. 수익은 어떠냐고 물었더니 2억 넘게 손해를 보고 있는 중이라고 했다.

어떤 종목에 투자했느냐고 물었더니 종목이 너무 많아 자신도 기억을 못 한다고 했다.

잠시 그 친구의 얘기를 정리해 보도록 하자.

주식투자 경력은 3년, 아내는 모른다, 부모님께 물려받은 땅을 아내 몰래 팔아서 2억을 투자했고, 집도 아내 몰래 담보대출로 1억을 빚내 투자했다.

투자 계기는 선배의 권유였고 주변 사람들이나, 증권방송에서 좋다고 하는 종목들을 정확한 권리분석 없이 사들였다. 이것이 전부였다.

황당하기도 하고 어이없기도 했다. 말문이 막혔다. 그러한 투자가 하나의 기법이 될 수는 있다. 아주 저가일 때 마구 사들였다가 수익 나는 족족 팔아 재끼면 되니 말이다.

문제는 저가에 매수하지 않은 종목이 문제였고, 종목이 200여개가 넘는다는데 절망적인 문제가 있었다. 본인이 보유하고 있는 돈까지 포함해서 3억5천을 투자했는데 평가금액은 7천만 원 정도 되는 상황이었다.

"어이, 아우님! 내 얘기 잘 들으시게나. 자네한테 200평의 밭이 있다고 가정하세. 그 200평의 밭에 2백 가지 곡물을 심었을 때 그 곡물들이 전부 잘 자라겠는가? 작물에 없던 병충해까지 생겨서 모든 작물이 망가지지 않을까?"

순간, 그 친구의 눈이 번쩍 빛났다.

그 친구는 필자에게 해결책을 알려 달라고 통사정했다. 냉정하게 본인이 저지른 일은 본인이 해결하라고 말해 주고 싶었지만 차마 그러지 못했다.

무조건 나의 말을 따르겠다는 그 친구의 간절함에 필자는 손해를 보더라도 모두 매도하라고 주문했다.

"오늘의 종가에 내일 아침 개장전 최대한 많은 종목들을 팔아 치우게나."

일주일에 걸쳐 그 친구는 전 종목을 팔아 치웠다. 남은 돈은 6,800만 원 정도.

그때 켐트로스의 주가가 1주당 6,500원이었다.

필자는 주당 6,800원 매수했던 주식을 그 친구는 1주당

6,500원씩 1만주를 매수했고 3개월도 안 되어 필자는 장중 한때 13,200원 찍을 때 전량 매도했고 100%에 이르는 수익을 얻었다.

그 친구는 어찌 되었을까?

필자는 켐트로스를 매수한지 1개월 보름 만에 H제철소 원료팀에서 고로팀으로 옮기게 되었고, 얼마쯤에서 팔면 되냐고 전화로 묻는 그 친구에게 필자가 했던 말이 있었다.

"그건 자네 것이니까 자네가 알아서 결정하시게."

제8장
놀라운 개미들

 이 글을 쓰고 있는 현재 필자의 직업은 경비원이다. 근로의 대가로 살지 않아도 돈이 돈 벌어 주는 단계로 진입했다고 확실하게 단언할 수 있는 시점이 금융자산 10억이 아닐까하고 필자는 생각한다.

 어느 때부턴가 자산이 줄어들지를 않는다.

 서울에서 10억짜리 아파트에 사는 사람은 대출이자 갚으랴, 삶의 필요경비 지출하랴 허덕이는데….

 순수한 금융자산 10억은 더 이상 근로의 대가로 살아가야하는 허덕임을 필요로 하지 않는다. 각고의 노력 끝에 48평 아파트 말고도 순수한 금융자산 10억에 이르렀을 때 필자는 전업투자를 생각하고 실행해 본적이 있었다.

 필자가 살고 있는 덕산은 면단위 지역임에도 불구하고

독서실, 온천, 중년나이트 카바레, 골프연습장 기업체들의 연수원 회의장으로 사용되는 사계절 온천 파크(리솜 스파) 등 다양한 문화체육시설이 널려 있는 곳이다.

순수 금융자산 10억에 이르렀을 때 전업투자를 결심하고 생활계획을 세웠다.

첫 번째로 체력관리가 필요했다.

거의 20년 전에 사용했던 골프세트 가방이 창고에 먼지만 가득히 뒤집어쓰고 구석에 처박혀 있었다.

즉시 덕산에 있는 수암 골프연습장에 회원으로 등록을 했다. 22회 사용 쿠폰에 24만 원, 저렴한 가격 아닌가. 1회 사용 시간은 1시간 20분, 그 시간 동안 300개 정도의 공을 때리고 나면 이마에 땀이 맺힐 정도이니 적당한 운동 시간이었다. 아침 6시에 시작해서 운동이 끝나면 출출한 시장기가 찾아왔다.

덕산 지역에는 아침 일찍 문을 여는 식당들이 꽤 있는 편이다. 30년 전통의 '뜨끈히 해장국' 집도 있고 '순두부 해장국' 집도 있다. 특히 덕산 원조 순두부 해장국은 국산 콩만 고집하는 집으로 유명하다.

해장국 한 그릇에 반주를 걸치는 소주 한 병에서 느끼는 풍족함과 행복감은 적지 않다.

오전 08:20분 전날 밤 늦게까지 학습한 종목을 매수·매도 걸어 놓고 뉴스를 검색하다 보면 08:40분이다. 증권플러스 앱에 호가창이 뜨기 시작한다.

잠잠할 때도 많지만 가끔씩 세력들의 개미꼬시기 장난질이 느껴진다. 시간외 매매를 통한 증권사 끼리의 짜고 치는 매도·매수도 느껴진다.

09:00 드디어 개장이다. 08:20분 넣었던 주문과 비교시간이다. 필자는 매도시 09:00~09:10분 사이에 승부를 걸었다. 나름의 원칙이다.

원하는 가격에 매도 성공하면 만족감이 나를 편하게 해준다. 그리고 책을 손에 잡는다. 이때는 주로 인문서적을 많이 본다.

하루 종일 시간이 너무 남아돈다. 오랜만에 친구들한테 전화도 걸어본다.

대부분 전화연결이 안되거나 연결돼도 일하느라 전화통화가 곤란하다며 빨리 끊자고 성화다. 남아도는 시간이 만들어 내는 외로움이 찾아온다.

점심때가 되어 소머리 국밥집을 찾는다. 점심 먹으면서 반주로 다시 소주 한 병.

13:00시 연합뉴스를 틀어 놓고 듣다가 잠이 든다.

15:00시 알람이 울리고 나는 잠에서 깨어난다.

지금부터 15:30분까지는 매수를 해야 되는 시간이다. 왜 그리해야 되는지는 주식투자를 하다 보면 학습을 통해 자연스럽게 깨닫는 이치이다.

결과가 좋든 나쁘든 그날의 주식투자는 마감됨과 동시에 또 남아도는 시간들이 나를 힘들게 한다.

책도 보고, 늦둥이 백호가 핸드폰에 깔아준 국민 고스톱 게임도 줄기고, 신문 보고, 경제뉴스 보고 그래도 시간이 남아도는 것은 거의 고통에 가깝다.

18:00 네이버 주식창에 들어가 보유한 주식의 외국인 투자지수를 파악하고 매매수량을 파악한다.

토론방에 들어가 실리는 내용들도 읽어본다.

대부분 쓸데없는 욕지거리 아니면 찬티 내용이지만 그 속에 정보가 있기 때문이다.

증권플러스 앱을 통해 폐장 이후 시간외 매매수량을 확인하는 것도 기본이고 저녁식사 이후 한참 사춘기에 빠져있는 늦둥이 백호에게 아빠하고 같이 놀아달라고 어리광 아닌 어리광을 부리기도 한다. 돌아오는 건 구박뿐이다.

아빠보다는 친구가 좋은 놈이다. 서운한 척 객기부리는 내게 놈은 입술 뽀뽀로 달래 주고는 아예 방문을 잠가 버린다.

다시 또 학습을 시작한다.

필자는 270여개 종목을 관심종목으로 설정하여 노트에 아날로그 식으로 수기로 관리한다.

업종별, 테마별, 상한가를 만들어 냈던 종목들, 기술주, 가치주, 금융주 등등 종류가 너무 많아 문제라면 문제다. 그렇게 꾸준히 관리종목을 학습하면서도 필자가 1년에 매매하는 종목은 5종목 수준이다.

학습정리가 끝나면 또다시 뉴스, 신문, 역사서적 등 자기개발이 이어지고, 24:00 실시간 미국증시 상황 체킹에 들어간다.

환율을 검색하고 내일의 주식시황 예상치를 기록한 후

매매종목과 매수·매도 수량을 결정짓는다.

  이제는 잠잘 시간, 가능한 짧은 시간 깊은 잠을 잔다.

  05:00시 알람이 울리고 나는 습관적으로 실시간 미국증시와 환율, 세계 뉴스를 검색한다.

  전날 세웠던 투자종목이다. 수량을 재검토 후에 수정할 건 수정을 거친다. 그리고 향하는 곳은 덕산 수암 골프연습장, 3개월째 이런 생활이 반복되던 시점에 필자는 삶에 염증을 느끼기 시작했다. 몸도 아프고 이상하게 사는 게 시들해 졌다.

  눈치 빠른 독자는 벌써 간파했겠지만 나는 서서히 알코올 중독자가 되어가고 있었던 것이다. 더 이상 그렇게 사는 것이 두려워졌다. 그만큼 습관은 무서운 것이다.

  남들은 술, 담배 끊는 판에 나는 정반대로 가고 있으니 누구보다 자기 관리나 자기 개발에 자부심을 가지고 살았던 내가 알코올 중독이라니….

  그래서 결정했다.

  아산시에 있는 선문대학 평생교육원에서 실시하는 경비교육 이수증을 수료하기 위해 하루 8시간씩 3일간에 진행하는 교육을 신청하고 수료했다.

그리고 취직했다. 경비원으로….

"경비원으로 일하면서 담배 냄새 나면 이미지가 안 좋아지니까 담배 피우고 나서 먹어요" 하면서 아내는 엄청나게 큰 봉지의 사탕을 내밀었다.

집에서 20분 거리에 있는 S철강업체가 필자의 직장이다.

일을 할 수 있다는 행복!

나이를 먹을수록 누구나 느끼는 엄청난 소중함이다.

어느 날이었던가.

필자는 놀랍게도 경이로운 장면을 목격하게 되었다.

아내가 챙겨준 사탕을 입안에서 우물거리다가 너무 텁텁한 느낌이 들어 무심코 경비실 옆의 소나무 옆에 뱉어버렸다. 그런데 두 시간 정도 후 볼펜으로 찍어 점 하나 되는 정도 크기의 개미들이 다닥다닥 붙어있는 것이었다. 그리고 사탕은 흔적도 없이 없어져 버렸다.

다시 사탕 두 개를 그 주변에 던져 놓아 보았다.

또다시 몰려드는 개미들의 군집!

도대체 그 많은 개미들이 어디에서 몰려드는 것인지 그

장관의 경이로움은 충격에 가까웠다.

다음날부터 필자는 개미들을 키우는 재미에 흠뻑 빠져들었다. 그러면서 또다시 깨달음을 얻었다.

볼펜 한 점 크기의 개미들도 이렇게 삶의 전쟁을 치르는데 나는 나도 모르게 습관처럼 알코올 중독자가 될 뻔 했었으니 정말 부끄러운 일이었다.

돈 많은 기관투자자나, 큰손 세력들이 판치는 주식시장에서 살아남기 위한 개미들의 삶은 사실 치열한 전쟁이나 마찬가지이다.

이 책을 읽으시는 개미투자 여러분!

사탕을 먹기 위해 전쟁을 치르는 개미들처럼 우리도 좀 더 분발하는 것이 어떻는지요.

새로운 마음으로···.

제9장
피 말리는 인내의 시간(ATS)

 출판사 편집장님의 지적 사항으로 이 종목(ATS, 약자로 표기했음)은 실명으로 표기할 수 없다. 왜냐하면 필자가 현재 엄청난 수량을 보유하고 있는 종목이라서 사기·선동 등의 문제가 발생할 수 있기 때문이다.

 필자가 이 글을 쓰면서 제일 많이 사용한 문구가 "학습량"이라는 단어가 아닌가 싶다. 그만큼 중요한 안건이기 때문에 계속 강조하는 것이 아니었나 싶다.
 종목을 파고들어 가서 학습하다보면 "학습 효과"를 얻는 개미투자자들이 반복되는 기간 차에 고수익을 얻는 과정들을 자연스럽게 터득하게 된다.
 1년에 10%의 수익만으로도 성공했다는 평가를 받는 주식시장에서 한두 달에 한 번씩 20% 이상의 수익을 볼 수 있게 해주는 종목들이 필연적으로 있게 마련이다.

또한 어느 종목이든지 세력들이 반드시 있기 마련이고 그 세력들의 움직임을 예상하거나 간파할 수 있다면 이보다 더한 돈벌이는 이 세상에 없을 것이다.

성현우 님께서 『개미 5년 세후 55억』에서 밝혔듯이 주식 호가창을 들여다보고 있다 보면 어떤 흐름이 감지될 때가 있다.

물론 주식투자 경험이 축적되어야 하고 또한 많은 훈련이 필요한 과정을 거쳐야 되겠지만 결코 어렵게 생각할 문제만은 아니다.

필자가 주식투자를 하면서도 무모하리만큼 배짱을 가지고 주식담보 신용대출까지 받아서 투자했던 종목이 모처에 있는 ATS였다.

처음에는 단타 투자 종목으로 선정해서 2023년 1월부터 소액투자(2~3천만 원)로 빠르면 일주일, 늦으면 1개월, 더 늦으면 두 달 정도 만에 그날의 장중 최고가로 매도해서 매매 시마다 20~25%의 수익을 몇 번씩이나 안겨 주었던 종목이다.

"학습 효과"로 인한 습관이 나도 모르게 생겼는지는 모르겠는데 주식투자를 하면서 그렇게 무모하리만큼 배짱 있게 투자해 본적이 없던 필자는 2024년 5월초 통 크게 결단을 내렸다.

처음 750만 원 가지고 주식투자를 시작했던 필자는 이미 나름대로 성공을 거두었다는 자평과 함께 평가금액이 10억대에 이르는 단계에 있었다.

그동안 아내의 증권계좌로 주식투자를 하면서 아내와 합작으로 주식투자를 해왔던 필자는 서로 독립해서 각자 증권계좌를 가지고 선의의 경쟁을 하기로 의기투합되었기에 필자도 드디어 필자의 증권계좌를 갖게 된 때이기도 했다.

(참고로, 필자가 750만 원으로 시작해서 10억대에 이르기까지 필자의 생돈이 1원도 더 추가 투자 없이 오로지 750만 원만 가지고 10억을 만들었다는 얘기는 아니다.

그동안 주식투자를 하면서 신규로 필자의 들어간 돈은 노동으로 인해 벌어들인 수입에서 총 투자금은 6,400만 원 정도인 것으로 필자의 일기에는 기록되어 있다.

데브시스터즈 덕분에 단기간에 엄청난 수익을 얻었던 필자는 어느 때부터인가 자산이 돈을 벌어주는 단계에 빨리 진입할 수 있었고 덕분에 신규 투자금액을 그렇게 많이 투자하겠다는 필요성을 느끼지 못했던 것 같다.)

이제는 아내와 나 둘이 5억씩이라는 자산을 가지고 서로 선의의 경쟁을 하게 되었다. 새로운 마음으로 통 크게 시작한 것이 ATS이었다.

한 달 전 1주당 2,200원 매수해서 보름 정도 만에 2,700원대에 빠져나왔던 ATS은 다시 하락을 시작하여 2,370원대에 이르고 있었다.

과감하게 베팅 버튼을 눌렀다.

세 번에 걸쳐 20만주를 매수했다.

평단가는 2,355원!

아무리 싼 주식이라지만 한 종목에 20만주를 매수한 것은 처음이었다.

주가는 그 이후 2개월째 계속 하락했고 필자는 하락할 때마다 담보대출을 통해 수량을 늘려나갔다.

대출일로부터 3개월간은 년 7.9%의 이율이고, 3개월이 넘어서면 년 9.7%의 이율이 붙는 증권사의 고객투자 상품이었다.

2024년 7월 10일이 되자.

필자의 ATS 수량은 33만주를 넘어서고 있었다.

7월 12일부터 빠지기 시작한 코스닥 지수는 7월 18일까지 일주일 동안 -6% 넘는 하락세였고, 필자의 투자 손실률은 한때 -9.78%까지 기록을 찍었다.

새롭게 시작한 주식투자에서 고통이 시작되었다.

주당 10원씩만 하락해도 330만 원이 손실이 나는 상황이었고 이미 -9% 넘는 손실을 기록하고 있었으니 불과 몇 달 사이에 7천만 원에 이르는 손실을 기록하는 중이었다.

대출이자는 추가 덤이었다.

결단의 시기가 왔다고 결정 내렸다.

종합적인 재검토에 들어갔다.

투자일기 노트를 펼치고 ATS 매수 결정해야만 했던 시기의 분석에 들어갔다.

① 가장 큰 이유는 ATS가 아마존의 협력사로 지정되었을 때 1일 거래량이 3천만주 이상을 돌파하는 신기록

을 세운 적이 있었고 그때 필자는 27%의 수익을 보고 빠져나왔던 적이 있었다.

그 이후 주가가 계속 하락하였고 필자는 세력들의 개미털기 작업으로 판단하였으며 그 외에 주가가 더 떨어질 이유를 찾지 못하였으므로 2,370원 때부터 매수에 돌입했던 것이다.

② ○○○, ○○○ 공동대표에 대한 믿음 때문이었다. 특히 ○○○ 대표의 창의적인 사고방식이 믿음을 주었고 서울 ○○동 사옥의 구조에서 느끼듯 ATS의 사옥은 서울특별시 ○○대상을 받을 정도로 창의적인 공간으로 지어졌다는 사실을 알 만한 사람은 모두 아는 사실이다.

IT기업에서 창의력은 무한 인적자본이다. 거래처 관계자가 ATS 사옥을 방문했을 때 얻어지는 시너지는 또 다른 무형 자산임에 틀림없다.

③ 1/4분기 순이익 적자를 기록하였으나 이는 투자로 인한 손실이다. 고급인재를 충원하기 위해 들어간 돈이 손실로 연결되었을 뿐이었다.

ATS는 여전히 높은 현금 보유율과 부채보다는 자산 비율이 월등히 높은 재정 건전기업이다. 더구나 신기술을 적용한 ATS원 신제품에 대한 필자의 기대치는 확고하며 ATS의 또 다른 성장 동력이 될 것으로 의심치 않았다.

과거보다 영업이익율이 좀 떨어지는 단점이 있었으나 필자는 ATS원 신상품이 잃어버린 이익률을 다시 찾아줄 것으로 확신했다.

④ 필자는 ATS에서 근무하는 사원들의 표정에서 절대적인 희망을 느꼈다.

필자가 H제철에서 일용직으로 일할 때 현장에서 보고 느꼈던 생각들이 투자 생각을 전혀 하지 않게 했듯이 현장의 분위기는 중요하다.

서울 여행도 하고 서울 ○○동 사옥을 찾았을 때 필자는 휴게 공간에서 볼 수 있었던 사원들의 표정에서 절대적인 희망을 느꼈었다.

⑤ 마지막으로 필자가 투자 결정을 할 시기에 고려했던 사항이 대표이사의 기업마인드였다. 전환사채, 유상

증자, 무상증자, 배당, 배임행위, 외국 출장 시 문제를 일으키는 카지노 도박 등 심지어 마약까지 투자자 입장에서 수익과 손실을 기록할 수 있는 오너의 행위로 인한 위험성은 언제나 도사리고 있는 곳이 주식시장이기 때문이었다.

필자는 두 분의 공동대표를 믿기로 했다.

그들에게는 확실한 꿈이 있었기 때문이었다. 대한민국 최고를 넘어 글로벌 기업으로 자신들의 분야에서 최고가 되겠다는 꿈과 의지 그것이 있었다.

주식투자 일기를 통해 다시 한번 검토를 마친 필자는 더 이상 고통스러워하지 않기로 했다. 오히려 여유 자금이 생기면 수량을 1주라도 더 늘리기 시작했다.

거기에는 또 다른 하나의 믿음이 있었기 때문이었다.

바로 ATS의 신용투자 비율이 너무 높다는 점이었다.

필자는 주식담보 대출이자를 매월 1일에 자동출금 되는 상황이었지만 그까짓 이자 충분히 감당할 수 있는 상황이었기에 필자는 확신했다.

조만간 여유 돈이 아닌 급한 돈, 내 돈이 아닌 남의 돈,

전세금을 빼주어야 될 돈, 자식들의 대학 학자금 등등 사연 있는 돈들이 강제매매 될 것을 감히 필자는 확신했다.

ATS의 가장 큰 단점인 신용투자 비율이 높다는 것, 그것이 오히려 필자에게는 투자 이유로 판단되었다.

2024년 7월 12일 0.66%하락을 시작으로 7월 25일까지 연속 하락하더니 필자의 손실률은 -15%까지 근접해 왔다.

개미들의 신용투자 비율은 7월 12일 6.62%에서 7월 25일 5.99%까지 떨어졌다. 아직도 430만주가 넘는 개미들의 신용투자 수량이 남아있었다.

열흘이 넘도록 세력들의 잔인한 개미털기 작업이 진행되었음에도 고작 46만주 정도가 강제 매매되거나 자진 탈락했을 뿐이었다.

필자는 세력들의 잔인함이 당분간 계속될 것으로 판단했다. 아직도 6%에 가까운 신용투자 비율이 너무 높다고 생각되었기 때문이다.

2024년 7월 26일, ATS의 종가는 2,045원으로 마감되었다. 신용투자 퍼센트는 5.97%이고 거래수량은 290,925주이다. 필자의 투자성적은 -12.99%이다.

전체적인 글이 마무리 된 상태에서 ATS의 투자 결과를 독자들께 보고하기 위해 출판사에 1차 탈고된 필자의 집필 원고가 전달되려면 탈고가 언제인지 모르겠다는 판단이 들었다.

그래서 결정했다.

이 결정은 2024년 7월 27일 토요일 오전 11:00에 결정했다. 필자는 경비원으로 근무하는 회사의 경비실에서 결정했다.

"7월 29일 월요일 집필 중인 원고를 출판사에 보냈다."

지금 이 순간 ATS의 투자 결과는 필자의 손을 떠났다.

최종 결과는 독자들이 확인하게 될 것이다.

제10장
열등감으로 똘똘 뭉친 아이

필자는 깡촌인 충남 청양군에서 태어났다.

국민학교 4학년 2학기 때 예산군으로 이사를 하기 전까지 전깃불을 본적이 없었다.

예산으로 이사를 오고 나서야 신작로에 먼지를 가득히 일으키면서 달리는 버스를 보았다.

조정래 작가님의 소설『한강』개정판을 읽으면서 필자는 몇 번이나 눈물을 흘렸다.

광복전후기에 출생하신 분들이 겪으며 살아왔던 대한민국 근대사의 모습들이 TV를 보듯이 리얼하고 장대하게 펼쳐지는 조정래 작가님의『한강』은 감동 그 자체이다.

존경하고 존엄의 존재로 필자가 생각하는 분이다. 유일민과 혜옥의 사랑 스토리 전개는 한편의 서사시이며 천두

만의 삶은 우리네 아버지들이 가난에서 벗어나고자 발버둥치던 삶이 그대로 묘사되어 있다.

필자 역시 가난한 소작농의 아들로 태어난지라 많은 부분들을 공감하면서 읽었던 기억이 생생하게 떠오른다.

중학교 2학년 때로 기억된다.

태풍으로 인해 조금만 있으면 수확을 해야 될 일곱 마지기의 아버지 전 재산에 물이 가득 찼다.

몇날 며칠 논에 찬 물이 빠지기를 기다리던 아버지는 물이 빠지기를 기다렸다가 물이 빠지자마자 논으로 뛰어드셨다. 그리고 몇날 며칠을 밤을 꼬박 새우다시피 컴컴한 밤중에도 한 두 포기씩 벼를 일으켜 세워 묶는데 정열을 다 바쳤다.

일곱 마지기 논의 쓰러진 벼를 전부 세워 일으킨 날에 아버지는 막걸리 한 주전자를 모두 비우신 후에 정신없이 잠에 빠져들었다.

늙은 쑥 가지 끓인 물로 어머니는 연신 아버지의 발을 씻어내셨다. 물에 퉁퉁 붓은 발이 썩어가고 있었던 것이었다.

5남매를 키워내야 하는 아버지는 발이 썩어가는 그 고통을 겪으면서 벼를 모두 일으켜 세울 때까지 참고 이겨내셨던 것이다.

중학교 3학년 늦가을이었다.

잘 사는 아랫집에 텔레비전이 있었다. TV를 보러갔다. 대문이 잠겨 있었다.

서글펐다. 눈물이 찔끔 났다. 짚가리 사이에 숨어서 실컷 울었다. 그러다 아버지께 들켰다.

다음날 아버지는 이장 집에서 리어카를 빌려 멀리 예산 읍내까지 나가셨다. 늦게 돌아오신 이장님의 리어카에는 텔레비전이 실려 있었다.

과거를 회상하니 코끝이 찡하고 가슴이 아려온다.

그런 아버지는 장수하시지 못하고 돌아가셨다.

그것도 너무 일찍!

필자의 나이가 환갑인데 아버지는 필자의 나이보다 10년은 더 일찍 돌아가셨다.

필자는 5남매이다.

위로는 누님이 한 분 계신다. 중학교 졸업도 제대로 못하고 누님은 동일방직으로 돈벌이를 떠났다.

밑으로 세 명의 여동생은 두 살 차이로 무럭무럭 커나가고 있었으니 삼시 세끼 밥 굶지 않는 삶이지만 여유 없는 경제 사정에 아버지는 논에 모를 심어 놓고는 한동안 도회지로 나가 일명 노가다를 하셨고, 겨울이면 그마저 일거리가 없자 보령에 있는 탄광에서 잡일을 하시고는 했다.

"아버지가 아들인 너 하나 만큼은 무슨 일이 있어도 대학까지 가르칠란다. 그리 알고 공부 열심히 혀!"

아버지는 막걸리를 드실 때마다 입버릇처럼 말씀하셨고 그 뜻을 거역할 수가 없어서 열심히 공부했다.

다행히 고등학교는 장학생으로 진학했고 학교장 추천으로 향토장학생이 되어 영등포 흑석동에서 대학물을 먹게 되었다.

블랙스톤이라는 레스토랑에서 알바를 하면서 건물의 3층 간이식 직원들의 숙소에서 숙식을 해결하였다.

고등학교 3년간 입어서 쪼그라들고 색 바라진 교련복을 입고 시작한 대학 캠퍼스 생활은 얼마가지 못했다.

부모 잘 만나 학교 정문까지 기사 딸린 자가용으로 등하교하는 학생들을 보면서 열등감으로 가득 차 좌절과 분노를 느끼던 대학생활은 6개월을 채 넘기지 못했다.

동생들 생각도 해야 했지만 대학 나와서 부자 된다는 게 현실적으로 가슴에 와 닿지가 않았다.

『한강』 소설 속에 등장하는 이규태처럼 서울법대 나와서 검사를 하는 것이 목표도 아니었고 머리가 유별나게 좋은 편도 아니었다.

미련 없이 잠시의 대학생활 흔적이 남은 것은 휴지조각 하나 없이 모두 불살라 버렸다. 비로소 어린 시절부터 누적되어왔던 열등감들이 모두 날아가 버리는 느낌이었다.

청양에서 예산으로 이사 와서 예산군 오가면 양신국민학교로 전학 왔을 때의 기억이 있다.

일주일에 한 번씩 전교생이 운동장에 모여서 지엄하신 교장선생님의 일장 훈시가 끝나면 운동장을 사열하듯 돌면서 피리를 부는 것이었다.

필자는 청양에서 피리를 본적도 배운 적도 없었다. 그런데 예산 애들은 국민학교 1학년도 피리 부는 것을 언제 배웠는지 모두가 부는 것이었다.

나는 선생님께 피리를 불 줄 모른다고 말씀드리지 못했다. 묻지도 않는데 말할 필요도 없었다. 그냥 불 줄 아는 것처럼 손가락만 떼었다 붙였다 하면서 들키지 않기를 바랄 뿐이었다.

이때의 기억은 대학을 때려치우고 홀가분해질 때까지 나만의 비밀, 나만의 열등감으로 오랜 세월 필자를 괴롭혔었다.

열등감으로 불우했던 시절을 겪었던 세월, 그것은 가난이 만들어낸 결과물이었다.

가난이 싫었다.

몇 번 실패를 겪었지만 필자는 억척스럽게 그때마다 다시 일어섰다. 결코 쉽지 않은 세월이었다.

가난은 유전자를 가지고 태어났는가? 하는 절망적인 좌절감을 느낄 때도 있었다. 그러나 가난에는 유전자가 없다.

1년도 못 채운 대학생활이었지만 필자에게는 대학 졸업장보다 몇 천배 가치 있는 운명을 잠시나마 대학생활을 통해서 만났다.

이정민이라는 친구를 알게 된 것이 계기였다. 보잘것없

는 내게 그 친구는 진심을 다해 잘 대해 주었고 우린 형제 같은 사이가 되었다.

필자가 스물다섯일 때 친구는 내게 지금의 아내를 소개했다. 사촌여동생이라 했다.

모델처럼 늘씬하고 일류 영화배우처럼 아름다운 여동생을 소개한 것이었다. 바라보기 힘들 정도였다.

아! 눈이 부실 정도였으니까!

그녀를 몇 번 만나면서 이해심 많고 합리적인 사고방식을 가지고 있다는 걸 느꼈다. 결코 놓치고 싶지가 않았다. 무슨 일이 있더라도 내 여인으로 만들고 싶었다. 안개꽃을 좋아하고 유채꽃도 좋아한다고 했다.

한 번은 보라매공원에서 데이트를 하는데 만개한 붉은 장미꽃 앞에서 멈추더니 꽃내음을 음미하듯 한참을 장미꽃과 함께하는 것이었다.

문득 기막힌 아이디어가 떠올랐다.

나는 몸에 문신을 할 줄 안다는 사람을 물색했다. 그리고 몸에 문신을 새겼다.

왼쪽 어깨에 하나, 왼쪽 가슴에 하나, 배 중앙 복부에 하나씩 3개의 큼지막한 장미 꽃송이를 전문가를 통해 새겨 넣었다.

　세 송이의 장미를 넝쿨 그림으로 연결하고 이파리도 표현했다. 바늘로 찔러대니 아프지 않을 까닭이 없었지만 기꺼이 참을 수 있었다.

　마침내 작은 장미공원이 내 몸에 나타났다.

　나는 전문가의 작품에 만족했다.

　며칠 후 나는 그 여인을 만났다.

　점심으로 언양불고기도 먹고 영화도 보았다.

　네온 불빛이 하나둘 빛을 내기 시작할 시간!

　나는 실내 포장마차로 여인을 안내했다. 술도 제법 마실 줄 아는 여인은 고맙게도 나의 뜻을 따라 주었다.

　여인은 닭똥집도 잘 먹었고 닭발도 잘 먹었다.

　서울 태생이라 그런 음식들 하고는 거리가 먼 줄 알았더니 뜻밖이면서도 고맙기까지 했다.

　나는 주머니에서 바늘을 꺼냈다.

　"혹시 예전에 음식 먹고 체했을 때 엄지손가락 따본 적이 있으십니까?"

여인은 있다고 하면서 그때 무지하게 아팠다고 했다.

"안개꽃이나 유채꽃 말고 장미꽃도 좋아하십니까?"

"네, 좋아해요. 흑장미요."

왜 하필 흑장미냐고 물었다.

여인은 흑장미가 여자들이 대부분 좋아하는 꽃이라고 했다.

"웃으실지 모르겠지만 저는 가끔 제가 보스의 아내가 되는 꿈을 꾸곤 해요."

아! 이럴 때 내가 한 조직의 보스였더라면 얼마나 좋을까? 꿈같은 얘기지만 존재할 수 없는 현실이었다.

당시 나는 영업사원이었으니까. 그럼에도 나는 여인의 말에서 희망을 느꼈다.

나는 필사적으로 머리를 굴려댔다.

"영원히 시들지 않는 꽃이 있는데 혹시 아십니까?"

"어머, 그런 꽃이 어디 있겠어요. 조화도 때가 되면 퇴색하는 데 말이에요."

"아니, 있습니다. 분명히 있습니다."

여인은 믿기지 않는 얼굴로 궁금한 듯한 표정을 지었다.

"그것도 흑장미입니다."

"어머, 어머, 정말요?"

여인의 목소리가 커졌다.

주변을 둘러보니 대부분 아베크족이었고 모두 다정한 모습들이었다.

"지금 보여드리겠습니다."

나는 하나씩 윗도리를 벗기 시작했다.

여인은 놀라는 표정을 지으면서도 제지하지는 않았다.

마침내 내 몸에 있는 작은 장미정원이 드러났다.

탁자 위에 놓여있는 바늘과 내 몸을 번갈아 보던 여인이 말했다.

"빨리 옷 입으세요. 많이 아팠겠다."

여인은 상황 판단이 되는지 진지한 표정으로 약간 얼굴 표정이 굳어지는 듯했다.

옷을 모두 걸치자, 한참 후 여인이 물었다.

"꿈이 뭐예요?"

"네, 제 꿈은 부자가 되는 것입니다."

너무 막연한 대답이었던지 별다른 반응이 없었다.

조바심이 일었다.

"구체적으로 말씀드리자면 저는 1차적으로 나이 40까지는 금전에서 자유로운 경제적 독립을 하는 것입니다. 대한민국이 일본에서 독립했듯이 말입니다.

2차 목표는 나이 50에 크루즈 세계 여행을 하는 것입니다. 사랑하는 아내와 아이들하고 같이 말입니다.

3차 목표는 완벽한 경제독립입니다. 경제활동을 하지 않고도 자산이 자산을 늘려 주는 완벽한 경제독립을 하는 것입니다. 그래서 돈을 몸종처럼 부리는 보스가 되는 것입니다."

한껏 목소리에 힘을 주고 나는 간곡히 말했다.

그때였다. 옆자리에 있던 남녀가 박수를 쳤다.

안 듣는 척, 안보는 척 지켜보았던 것일까?

그 박수 소리가 내게는 천만금을 얻은 양 기운이 솟았다.

"언제부터 준비하신 거죠?"

"네, 당신을 처음 본 그 순간부터입니다."

그 이후 두 달 만에 나는 오빠로 바뀌었고 6개월이 지나서는 "자기"란 호칭을 그녀에게서 하사 받았다. 그리고 27

세에 나는 남편이란 작위를 얻었다.

몇 번의 사업 실패를 겪으면서 크루즈 세계 여행은커녕 고생만 시킨 아내에게 느끼는 고마움은 이루 말로 다 표현할 수가 없다.

단 한 번도 나를 원망한 적이 없는 아내!

이 글을 통해 다시 한번 다짐하고 다짐하건데 김승호 회장님처럼 프리이빗 제트비행기를 빌려 컨시어지(Concierge. 호텔 투숙객에 대해 각종 서비스를 제공하는 사람)가 몇 명씩이나 따라붙고 의사와 요리사까지 대동하는 세상에서 제일 비싼 여행까지는 시켜주지 못하겠지만 크루즈 세계 여행만큼은 반드시 시켜주겠노라고 다시 한번 약속한다.

필자에게 이제 열등감은 없다.

어린 시절 가난 때문에 겪어야만 했던 열등감들….

그것들이 필자에게는 약이 되었으면 되었지 극복하지 못할 영구적인 장애는 아니니 말이다.

제11장
주식투자 동반자는 아내

자식 자랑, 아내 자랑하면 팔불출이라 했던가?

아니다. 필자는 용기 있는 남편이요, 아빠라고 대변하고 싶다. 필자는 이 책을 통해 그동안 고마웠던 마음들을 충분히 표현하고 싶어 특별히 여러 장의 페이지를 장식하기로 한다.

아내는 서울 사람이다.

서울의 덕성여대에서 사회학과를 졸업했고 대학의 5월 축제 때는 5월의 퀸으로 선정될 만큼 미모와 몸매 또한 출중했던 여인이다.

정말이다. 처녀 때는 정말 예뻤었다. (지금도 예쁘지만) 연예인으로 길거리 캐스팅 당하지 않는 게 이상할 정도로 아내는 처녀 때 예뻤다.

필자는 아내가 대기업 비서실에서 근무할 때 친구 소개로 만났고 우리의 결혼은 이른 나이에 빨리 이루어진 편이다.

아들만 셋을 낳아주었고, 필자가 서울생활에서 마지막으로 망했던 디벨로퍼 사업이 절망적일 때도 필자를 떠나지 않은 고마운 여인이기도 하다.

갓 돌 지난 늦둥이 아들 백호를 데리고 시골 덕산으로 도망치듯 내려올 때도 아내는 눈물 한 방울 보이지 않은 강인한 여인이기도 했다.

필자가 6억8천만 원이라는 빚을 갚는 동안 아내는 홍성의료원 간호조무사, 내포신도시 어린이집 보육교사 등을 하면서 생활비를 벌어 충당하고는 했다.

필자가 살고 있는 써니벨리 아파트에서 16㎞ 떨어진 예산군 분천리에는 홀로 사시는 필자의 노모가 계신다.

아내는 어머니의 식성대로 일주일에 한두 번씩 음식재료들을 잊지 않고 사다드리고 있으며, 가끔은 마을회관에 모이시는 동네 어르신들을 위해 꽃게라든가 과일 등을 사다가 나르기도 한다.

필자의 어머니는 아파트를 필요 이상 불편해 하신다. 어쩌다 필자 집에 오시면 하룻밤 주무시는 것도 힘들어 하신다. 그리고 하룻밤이라도 주무실라 치면 분천리 마을회관 동네 어르신들의 전화가 빗발친다.

"왜 어머니를 모셔갔냐구?"

이정도 내용이라면 독자들도 이해하실 것이다.

"필자가 일부러 노모를 모시지 않는 불효자는 아닌 것 같다고…."

하여튼 어머니는 집 떠나면 모든 게 불편하다고 하신다. 그러니 아들인 필자보다 며느리인 아내가 더 자주 어머니를 찾아뵙고는 한다.

성질 급하고, 다혈질이기까지 한 필자에 비하면 아내는 천사이다. 어쩌면 악마가 천사를 만난 격이다.

이상하리만큼 아내의 주변에는 사람들이 많다. 서울 태생이 시골에 살면서 적응하기가 쉽지 않았을 텐데….

아내의 주변에는 참으로 사람이 많다. 처음 주식투자를 시작해서 2024년 4월 말까지 우리 부부는 아내의 증권계좌 하나로 같이 투자하는 부부 공동 투자자였다.

필자는 작전을 수립하고 아내는 필자의 지시대로 작전을

진행하는 소대장 격이었다.

부부가 같이 투자하다 보면 분명히 좋은 장점들이 단점보다는 많다. 우리 부부는 그 단점 때문에 부부싸움을 한 적도 여러 번 있었다.

필자의 성격이 못됐고 다혈질이고 급했기 때문이다. 서로 직장생활을 하면서도 필자는 아내에게 카톡으로 작전을 지시했고 즉시 응답이 없으면 필자는 ×××을 떨고는 했다.

'심지어 카톡으로 심한 ×까지.'

직장생활하면서 아내는 너무너무 힘들었을 것이다. 어린이집은 더구나 CCTV까지 설치되어 있으니 성질 급하고 지랄 같은 남편의 작전 지시를 수행하느라 정말로 힘들었을 것이다.

성질 급한 남편 지시 이행하느라 실수 아닌 실수도 여러 번 있었다.

매수와 매도 버튼을 정 반대로 눌러서 손해를 본적도 있었고 수량을 잘못 입력해서 엉뚱한 이익을 본적도 있었다. 그러나 매도가격이나 매수가격을 잘못 입력해서 손해 본적이 더 많았으므로 엉뚱한 이익을 본 것은 새 발의 피도 안 된다. 아내는 너무너무 힘들었을 텐데도 이해심은 하늘을 찌른다.

"당신 승부 근성이 지나쳐서 그렇지 뭐."

카톡에 욕설을 날린 것이 미안해서 저녁에 술 한 잔 같이 나누며 내가 사과했을 때 아내는 이렇게 이해해 주고는 했다.

필자는 생각해 본다.

평상시 필자가 학습하는 모습을, 종목을 파고드는 열정을, 270여개나 되는 관심종목을 일일이 필기하는 모습을 그리고 무엇보다도 중요한 수익을 아내에게 보여 주지 않았다면 아내가 ×까지 먹으면서 나를 이해할 수 있었을까?

주식투자를 하면서 몇 번의 실수가 있었음에도 아내는 나를 항상 믿어 주었다.

아내의 믿음만큼 필자도 노력했고 결과는 금융자산 10억에 이르는 1차 목표를 달성했다.

이제 우리 부부는 각자의 증권계좌 통장을 가지고 있다. 하나에 묶여 있던 아내의 계좌에서 5억 원어치 종목을 팔아 필자의 개설계좌로 이동시켰고 매도수수료는 현찰로 필자가 아내에게 지급했다.

다행히 증여세의 대상은 아니었다.

그날부터 우리 부부는 각자 주식투자를 했다.

"여보, 어떤 종목을 얼마에 사고팔면 좋아?"

아내의 질문에 필자는 황당했다.

"큰돈은 지금 있는 종목에 그대로 두고 당신처럼 2~3천만 원 가지고 나도 단타매매 해보고 싶은데 어떤 게 좋아? 응."

내가 아무런 대답이 없자, 아내는 다시 묻는다.

그때 필자는 생각했었다.

그동안 같이 투자하면서 나름대로 종목들을 파악하고 있었을 텐데… 도대체 이런 질문을 왜 하는 것일까?

조금은 아내에게 실망했고 어이가 없었지만 이해되는 부분도 있어 필자는 "동일고무벨트"를 선택해 주었다.

우리 부부는 똑같은 날에 똑같은 금액으로 똑같은 수량을 1주당 7,620원에 1천주씩 매수했다. 그리고 똑같은 날에 우리 부부는 전량 매도를 했다. 결과는….

아내는 주당 8,680원 전량 매도했고, 필자는 주당 10,300원 그날의 장중 최고가에 매도했다.

필자는 과거에도 지금도 어쩔 수없이 종목을 골라 주는 일은 몇 번 있었지만 상대가 매도가격을 물어올 때면 단 한 번도 이에 응한 적이 없었다. 물론 매수가는 찍어준 적이 있었지만 말이다.

아내에게도 마찬가지였다.

"여보, 동일고무벨트가 막 오르는데 얼마에 팔면 돼?"

아내의 카톡이 떴다.

"그건 당신 것이니까 당신이 알아서 하소."

필자가 보낸 카톡의 내용이었다.

아내는 쇼크를 받았던지 그때부터 서쪽 베란다 진열장에 꽂혀 있는 필자가 봤던 책들 중에서 가끔씩 책을 빼내 읽는 모습을 보이곤 했다.

우리 부부는 앞으로도 각자 주식투자를 계속할 것이다.

5년, 10년이 지난 후에 서로 평가를 해볼 수 있는 선의의 경쟁자로서 말이다.

필자가 살고 있는 덕산면의 써니벨리 아파트는 48평짜리 이다. 아내의 명의로 되어 있고 너무도 당연하게 아내의 명의로 해주었다.

앞으로 부동산에 투자할 기회가 있어 부동산을 취득한다면 그때 또한 아내의 명의로 해줄 것이다.

큰놈, 둘째 놈은 결혼해서 잘 살고 있고 『돈의 속성』책을 읽고 독후감을 원고지 20장 이상 써서 보내면 천만 원씩 용돈을 준다고 했더니 일주일도 안 돼 둘 다 독후감을 보내왔다.

그러나 그 독후감은 아들놈들이 쓴 독후감이 아닌 것을 필자는 안다. 며느리들이 써서 보낸 것임에 틀림없다.

며느리들이라도 그 책을 읽었으니 됐다. 그에 만족하기로 했다. 그래서 5백만 원씩만 보내 주었다.

나는 아내를 사랑한다.

김승호 회장님이 일곱 번이나 사업 실패했을 때도 김승호 회장님의 사모님은 단 한 번의 원망도 없이 든든한 우군이 되어 주었듯이, 나의 아내도 지난 30년 넘는 세월을 원망 없이 나를 믿고 응원해 주지 않았던가.

앞으로 울릉도, 흑산도, 동반 여행은 물론 반드시 크루즈 여행 세계 일주를 시켜줄 것이다.

1개월짜리든, 6개월짜리든 아내가 원하는 대로 말이다.

제12장
444 숫자의 의미

　주식투자하면서 고통스런 시간들이 뒤따를 수밖에 없는 현실은 누구나 겪는 당연지사이다. 피하고 싶어도 피할 수 없고 감내하지 않을 수 없는 경제활동의 일부분이다.

　여유 자금만 가지고 투자했다면 그 고통의 강도가 덜 하겠지만 신용투자나 주식담보 대출투자가 이루어진 상태라면 그 고통의 강도는 열배 백배 증대되기 마련이다.

　필자 또한 그러했다.

　아무리 '기다림의 미학'으로 무장하고 견디어 낸다 해도 어쩔 수 없는 번뇌와 고통은 따를 수밖에 없었다.

　주식과 관련 없는 책들을 읽으면서 기다림의 미학을 실천하기에도 벅찰 때 필자는 444라는 숫자의 의미를 부여하는 방법을 택해 그 고통을 극복하고는 했었다.

덕산 지역에는 온천 시설도 많지만 필자가 특별히 애호하는 참숯 불가마가 있다.

참나무 숯을 구워 낸 이후 저온, 중온, 고온으로 나뉘어 건강을 추구하는 사람들에게 제공된다.

언젠가 신문에 보도된 내용 중에 우리나라 사람들이 제일 좋아하는 숫자가 7이라는 내용이었다.

중국 사람들은 8을 마치 신앙만큼 숭배한다는 보도도 있었다.

필자는 그때 생각해 본적이 있다.

'나는 무슨 숫자를 좋아할까?'

생각해 보니 특별히 좋아하는 숫자 없이 그 동안 세상을 살아왔다는 생각을 했다.

좋아하는 숫자를 하나쯤은 있어도 좋겠다는 생각이 들었다. 그래서 필자는 4자를 선택했다. 그리고 그 이유에 나름대로 의미를 부여했다.

4 – 죽을힘을 다해

4 – 죽지 않기 위해

4 – 죽을 만큼 노력한다.

처음에는 저온 불가마에 들어가서도 채 2~3분을 견디지 못하던 나는 444라는 숫자의 의미를 가슴에 새긴 다음부터 뜨거움을 견디어 내기 위한 실전에 돌입했다.

죽을힘을 다해!

죽지 않기 위해!

죽을 만큼 노력한다!

마음속에 외우고는 손가락 한 개를 접었다.

한 번 더 외우고는 손가락 한 개를 더 접었다.

444번을 그렇게 했다.

30분이 훌쩍 지나 있었다. 익숙해진 다음에는 중온에 도전했다.

처음에는 몇 번 실패했다.

이겨 내지 못하면 주식투자해서 성공할 수 없다는 오기, 독기, 끈기(필자는 이것을 삼기라 말한다)를 가슴에 다시 새겼다.

삼기의 힘이었을까?

나는 중온에서도 444번을 성공했다.

온몸이 땀에 범벅이 된 것은 말할 것도 없고 어지러움 증에 제대로 서 있지도 못할 지경이었다.

엉금엉금 기어가다시피 하여 샤워장에 도착한 나는 옷도 벗지 못한 채 찬물을 뒤집어썼다.

왜 이렇게까지 미련을 떨었냐 하고 생각하시는 분들도 있을 것이다. 그러나 그러한 나의 행동은 나의 절실한 간절함이었고 늦게라도 아내와의 약속을 지키기 위한 투쟁이었으며 각골통한(刻骨痛恨)의 각오 끝에 이루어진 결과물이었다.

우리 모두는 알고 있지 않은가?

춘추시대 월나라 왕 구천에게 아버지인 오나라 왕 합려를 잃었던 아들 부차는 복수를 위해 장작더미 위에서 잠을 자며 복수를 다짐했고 끝내 월나라를 정복하지 않았던가.

구천은 어찌했던가.

부차의 똥맛을 보는 치욕을 맛보면서도 살아남아 쓰디쓴 곰쓸개를 날마다 씹어 가면서 재기를 꿈꾸지 않았던가.

그들의 간절한 절심함이 그들을 배신하지 않았음을 우리 모두는 알고 있다. "와신상담(臥薪嘗膽)" 이런 각오이면 우리 모두는 주식투자에서 실패할 수 없다.

필자의 집 현관에는 1년 내내 전깃불이 꺼지지 않는다. 또한 필자의 집을 방문하는 사람들에게 제일 먼저 눈에 띠는 곳에는 노란 꽃 해바라기 대형 그림액자가 걸려 있다.

미신이라고 폄하할 수도 있는 일이다. 그러나 그것은 필자의 간절함에서 진행된 일들이다. 똑같은 조건이면 남들보다 뒤지지 않을 능력을 여러분 모두가 지니고 있다.

고통스러우면 참아내고 극복하면 된다.

결코 포기하지 말라.

우리 모두는 해낼 수 있다.

제13장
벌 때 크게 벌고 손실은 최소화하라

일진하이솔루스, 루닛, 카카오, 데브시스터즈, 덕산테코피아, 켐트로스, 한미반도체.

투자자 알기를 지나가는 참새 때로 생각하는 대한민국의 기업문화에서 개미들이 주식투자로 돈을 번다는 것은 쉬운 일이 아니다.

인적·물적 분할을 투자자들의 동의 없이 하면서도 양심의 가책을 느끼지 않는 대기업이 존재하고 있음을 많은 사람들이 알고 있다.

피해는 개미들이 고스란히 떠안고 있는데도 그들은 무슨 대책이나 사과 한마디 없다.

이 글을 쓰려고 마음먹었을 때 필자가 투자해서 손실을

입었던 회사들에 대한 실명으로 적나라하게 까발리고 싶었던 마음이 굴뚝같았었다.

출판사 편집자와 통화 후 그것이 현실적으로 불가능하다는 조언을 듣고서야 손해 배상이나 명예 훼손, 고소 대상이 될 수 있다는 두려움도 작용하였기에 필자는 주식투자를 피해야 할 종목들 편에 언급하는 것으로 만족하기로 했다.

필자가 그동안 주식투자를 해오면서 적은 돈으로 시작해서 금융자산 10억에 이룰 수 있었던 이유로 벌 때 크게 벌었고 잃을 때 손실을 최소화했던 전략이 운 좋게 맞아 떨어진 덕이 아닐까 싶다.

13장의 첫머리에 기록된 종목들은 최소 100% 수익에서 1,000%의 수익까지 안겨 주었던 종목들이다.

이 종목들을 선택해서 투자결정을 했을 때의 투자일기를 뒤적여보니 역시 필자의 종목 선택시 필수로 챙기는 항목들에서 크게 벗어난 종목이 없었다.

누군가의 말을 듣고 투자결정을 하지 않는 필자의 성격은 병적으로 엄격하였고 잘못 판단했다고 결정 내렸을 때는 최소한의 손실일 때 빠져나오거나 손실을 보았던 종목들에는 3천만 원 이상 넣어본 적이 없다.

딱 한 번 전문가의 말을 믿고 투자해서 고소득을 올렸던 종목이 한미반도체이다.

이름만 대면 주식투자자 치고 누구나 알 수 있는 "염블리"이다.

여유 있으면서도 차분한 목소리에 그의 추천 종목은 거부감 없이 믿음이 갔다.

반도체 후공정 산업리딩업체로 전자파 차폐, 플레이스먼트 시장 점유율은 독보적이었고 더구나 삼성전자와 SK하이닉스 미국 반도체 공장, 신규투자로 인한 매출 급증을 직감했다.

염블리의 권리분석에 조금도 이의가 없었다.

2023년 4월 7일 금요일을 디데이로 잡았다. 매수 목표가는 주당 33,000원 목표로 했으나 오후 3시가 넘어서도 그 가격에 살 수 있는 희망이 보이지 않았다. 결국 주당 35,000원에 2,444주를 매수했다.

그로부터 1년도 채 안되어 주당 152,000원에 빠져나왔으니 주당 8만 원일 때 2,444주 중에서 1천주를 매도했던 아품이 가슴을 칠만도 했다.

그 이후에도 한미반도체는 주당 19만 원대를 돌파해서 필자의 아쉬운 마음을 콕 찌르기도 했지만 상투 끝까지의 수익을 볼 수 있는 임자는 반드시 따로 있다는 것을 인정하는 필자는 "데브시스터즈"와 더불어 정말 마음고생 없이 빨간불기둥의 희열을 마음껏 만끽하면서 큰 수익을 보았던 종목이다. 겪어 보지 않고는 맛볼 수 없는 희열이다.

한미반도체 투자 당시 "DL이엔씨" 종목도 같이 고려했었다.

우크라이나 전쟁이 끝났을 때를 대비한 우크라이나 재건주로 관심을 두고 있던 때였다. 그러나 전쟁이 언제 끝날지도 모르는 상황에서 이것저것 머리 굴리던 차에 염블리의 말에서 확신을 느꼈던 필자는 순간의 선택을 잘했던 탓에 큰 수익을 얻었다.

"순간의 선택이 10년을 좌우합니다"라고 했던 광고 카피 문구가 있었음을 기억할 것이다.

"순간의 선택에 나는 2억을 넘게 벌었다"라는 제목으로 책 한 권을 써보고 싶은 욕심이 있다면 너무 과분한 것일까?

주식투자를 통해서 48평 아파트 부채도 모두 갚았고 주식투자를 통해서 큰놈, 둘째 놈 결혼도 시켰다. 그리고 이 글을 쓰는 이 순간 금융자산 10억 이상이 평가액으로 남았고 하루에도 수백만 원, 수천만 원이 오르기도 하고 내리기도 한다. 그러나 일희일비하지 않는다. 잃으면 다시 복구할 자신이 있기 때문이다.

천만 원대에 투자기법이 다르고

1억 원 때의 투자기법이 다르고

10억 원 때의 투자기법은 선택폭에 있어 그 격이 천만 원일 때와 1억 원일 때 하고는 비교할 수 없는 절대 지존 격에 가깝다.

오래전 과거에 필자는 3억이라는 돈을 가지고 은행에 예치하기 위해 은행을 방문한 적이 있었다. 지점장실로 즉시 안내되었다.

이것이 돈의 힘이다.

강남에 50억 짜리 아파트가 있는 것 하고 현찰 50억을 가지고 은행을 찾아가는 것하고는 똑같은 자산임에도 파워

면에서는 격이 다르다.

각설하고 본 장의 첫머리에 나열했던 종목들의 소개와 투자결정 사유를 간략히 밝히고자 한다.

일진하이솔루스 같은 경우는 회사 대표님의 열정에 반해서 투자했던 종목이었다. 2021년 9월 첫날에 상장된 종목이었는데 당시까지 필자는 단 한 번도 공모주에 투자해 본 적이 없었다.

처음으로 일진하이솔루스 공모주에 도전해 보기로 마음 먹었던 필자에게 그런 기회는 주어지지 않았다. 돈 때문이었다. 몇 천만 원 투자해서 10~20주 배정받더라도 큰 의미가 없다는 판단을 하였다.

또다시 고민이 시작되었다.

대표이사의 열정이나 수십 년을 한 우물 판 정신도 대단했고 수소차, 수소선박, 수소항공까지 멀리 내다보고 기술개발에 온 정열을 다 바치는 대표님의 열정을 필자는 도저히 떨쳐 버릴 수가 없었다.

그래서 결정했다. 투자한다. 상장일 개장 시간 전에 공모 확정가보다 6천 원 정도 높은 가격으로 주당 41,000원 999

주를 매수 주문했다.

오후 3시~3시30분 사이에 매수 주문한다는 원칙을 철저히 무시한 파격이었다. 그만큼 필자는 일진하이솔루스 대표님께 홀딱 반해 있었다.

주가는 상장일에 따상을 기록했고 며칠 만에 최고가 98,000원을 찍을 정도로 급상승을 했다.

필자는 9만 원일 때 매도를 실행하였다.

필자에게 100%의 수익을 선물했던 일진하이솔루스는 2024년 현재 2만 원대 초반까지 하락하였으나 필자는 다시 한번 일진하이솔루스의 멋진 비상을 기대하고 있다.

전기 차량 못지않게 수소 차량들이 도로를 누비고 수소 선박들이 바다를 항해하며 수소항공기들이 하늘을 지배할 때 일진하이솔루스는 귀족 황금주로 변신해 있을 것이다.

일진하이솔루스의 대표님께 반드시 그 꿈을 이루시길 진심으로 기도하고 있노라고 전하고 싶다.

카카오는 다른 페이지에서 이미 언급되었던 것 같고 덕산테코피아 스토리이다.

"덕산"이란 지역에서 살다보니 덕산이란 회사 상호에 관심이 일어 관심종목으로 두 달 동안 관찰했다가 투자했던 종목이다.

필자는 덕산그룹의 창업주인 회장님의 살아오신 경력에 먼저 매료되었다.

기술개발의 중요성을 무엇보다 먼저 강조하셨고 회장님의 살아오신 삶 또한 존경 받아 마땅했다.

회장님의 장성한 둘째 아드님이 경영하는 덕산테코피아 역시 회장님의 유전자를 그대로 물려받은 듯 경쟁력 있게 회사를 운영하고 있었다. 미래의 전기차 시장 승부처가 될 수 있는 전고체 배터리 또한 계열사로 인수해 개발을 하고 있었고 중국과 미국의 무역 분쟁을 대비한 2차 전지 공장도 미국에 세우고 있는 상황이었다.

2024년 1월초 18,900원에 5천주를 매수했다. 한두 달 상승해서 4만 원대를 찍더니 한 달 동안 소폭으로 오르락 내리락을 계속했다.

2024년 6월 19일 종가 61,400원으로 마감하기까지 필자는 여러 번 매도 타이밍을 저울질하다가 2024년 6월 24일 하락세가 당분간 지속될 것 같은 판단이 서자 57,900원에 전량 매도하였다. 100% 넘는 수익이었고 언젠가 다시 필자는 재매수할 결심이다.

루닛 투자 또한 관심종목으로 두 달 동안 관찰하며 공부를 계속하다가 투자를 결정했던 종목이다.

2023년 1월부터 관심종목으로 삼았고 앞으로 3개월 이전에 투자하기로 했던 관심종목 A그룹에 속했던 종목이었다.

상장된 지 6개월차 밖에 안 되는 시점이었기 때문에 보호예수 물량이 투자 결단에 걸림돌이 될 수 있었고 더구나 매출이 거의 없는 상태에서 기술력만 가지고 미래가치를 확신하기에는 큰 용기가 필요했다.

바이오 종목들이 대부분 그렇듯 미래가치에 대한 거품이 꺼지기 시작하면 거침없는 하락이 이루어지듯 의료기기를 통한 건강관리 기술업체인 루닛 또한 아무리 기술력이 있다 해도 대형병원들의 기존 거래처를 뚫고 의료기기를 납품할 수 있을까? 하는 강한 의구심도 들었다.

그러한 걸림돌들을 제거하고 필자가 투자결단을 내렸던 것은 회사 대표님의 의사 경력 때문이었다.(의사 출신이 만

든 암 진단 의료기술(기기))

그 사실이 머릿속을 떠나지 않았고 2023년 3월 10일을 D데이로 잡았다. 시간은 오후 15:20분!

주당 20,100원 2,444주를 주문했고 매수는 폐장시간 전까지 턱걸이 하듯 매수되었다.

그 이후 필자는 행운의 여신을 맞이했다.

언론플레이이었는지는 정확히 판단할 수 없었지만 신문이나 공영방송에서 없는 내용을 만들어낼 리는 만무했고 루닛이 글로벌 기업으로 성장할 수 있는 미국, 중동, 등지에서의 계약 성사 건들이 연이어 보도되었다.

2023년 7월 14일 루닛이 미국의 암정복 프로젝트에 참여한다는 기사와 함께 장중한 때 20만1,500원을 터치했다.

"데브시스터즈"에 이은 수익 1,000%의 신화가 또다시 탄생되는 순간이었다.

증권가에서는 일제히 목표가를 상향조정했고 필자 또한 그들에게 동조했다.

2,000% 수익이란 새로운 신화도 만들고 싶었다.

지나친 욕심이었을까?

욕심이 판단력을 흐리게 만든 탓이었을까?

새로운 신화창조는 필자를 외면했다.

정중한때 20만 원을 돌파한 주가는 3일 동안 급락했고 다시 재상승을 시도하던 주가는 2023년 7월 21일 금요일 오전 11:00기점으로 전일 대비 5% 이상 급락해 17만 원대를 오르락 내리락했다.

필자는 그때서야 정신이 번쩍 들었고 머리가 맑아지기 시작했다.

그래서 매도한 가격이 주당 172,000원이다. 수수료를 제하고 3억5천만 원이 넘는 수익을 남기고도 필자는 한동안 아쉬움에서 벗어나지 못하는 미련함을 보였던 종목이었다.

세상사가 그런 것 같다. 지내놓고 보면 참 쉽게 번 것 같기도 하고 정말 힘들게 번 것 같기도 하다.

어떤 투자자는 10년 넘게 주식투자를 하면서도 100% 수익 보는 종목을 만나지 못했다는데 필자는 축복을 받은 사람임에 틀림없다.

필자는 말하고 싶다.

270여개의 종목을 관심종목으로 관리하면서 A, B, C, D

급으로 분별해 가물면 물 주고 비가 많이 내리면 도량을 쳐 주었다. 추워지면 비닐을 덮어 주었고 시들면 영양제를 뿌려 주었노라고 말이다.

필자의 지극정성 보살핌을 받은 작물이 필자에게 열매를 준 것이다.

다시 한번 주장하건대 필자는 "축복받을 짓을 한 것이다.

제14장
주식투자를 위해 귀향하라

 귀향을 꿈꾸지 말고 주식투자를 위해 낙향하라.

 올해 환갑을 맞이한 대한민국 사람은 남녀 포함 몇 명이나 될까? 베이비붐 세대이니 적지 않은 숫자일 것이다.

 울릉도 여행 때 있었던 일이다.

 열흘간의 여행을 마치고 돌아올 때 14:30분에 사동항에서 울진 후포항으로 향하는 배를 탔다. 서서히 멀어지는 울릉도를 보면서 반드시 아내와 함께 다시 오리라 생각했다.

 울릉도가 점점 더 멀어지는 사이 늦은 봄비가 내렸다.

 비를 피해 예매표의 선실을 찾아갔더니 10여명의 승객이 누워서 잘 수도 있는 나의 선실에 60대 초반의 아주머니들만 가득 차 있었다.

 예매표를 들여다보며 잠시 당황했더니,

"아저씨, 죄송한데요. 맞은편 선실로 가시면 안 될까요?"

인심 좋게 생기신 한 아주머니의 말이다.

사정인즉슨 서울에서 부부 동반 아홉 가족이 여행을 왔는데 예매표를 무시하고 남녀 따로 선실을 쓰게 되어 사정이 그리 되었단다.

기꺼이 받아들이고 맞은편 선실로 갔다.

그곳에는 아홉 명의 남자들이 술판을 벌이고 있었다.

후포항에 도착하면 자신들이 승차할 관광버스가 있다고 했다. 그러면서 필자에게도 술잔을 권했다.

순간적으로 고민했다. 후포항에 도착해서 덕산까지 가려면 6시간 이상 운전을 해야 했으니 말이다.

사정을 얘기했더니 후포항에서 하루저녁 숙박하고 가라면서 술을 따르는 그들!

나와 거의 나이가 비슷해 보이는 그들에게서 나는 동질감을 느꼈다. 그리고 술잔을 받고는 맛나게 들이켰다.

조선팔도 사투리와 억양이 골고루 섞여 있다는 것을 나는 5분 정도 시간이 흐른 후에 문득 깨달았다.

그들은 서울 은평구에서 울릉도 단체 여행을 왔다.

나이는 57세에서 65세까지이며 한 동네에 살고 있다.

하는 일은 건축업이었고 일심회라는 모임의 멤버들이다.

"댁은 어디서 왔소?"

키 크고 영화배우처럼 잘생긴 사람이 목소리까지 바리톤 음성으로 물어왔다.

"예산군 덕산온천에서 왔습니다. 한번 덕산온천에도 놀러들 오십시오. 그때는 제가 술 한 잔 사겠습니다."

술자리는 점점 무르익어 갔다.

가끔씩 건너편 선실의 부인들이 찾아와서 술과 안주를 보충하고 우스운 이야기들을 해서 분위기를 돋우었다.

사람 사는 냄새가 물씬 풍기는 모임이었다.

"잘생긴 아저씨는 혼자 오셨소이, 워째 혼자 오셨다요?"

맛깔나는 전라도 사투리의 뽀글머리 아주머니 질문을 시작으로 여기저기서 나의 신상털기 질문들이 이어졌다.

나는 대략 이야기하고,

"저도 서울에 오래 살았지만 지금은 서울에 하루만 다녀오려 해도 머리가 아파서 서울 냄새를 맡는 것도 두렵습니다. 서울에 사시는 것 어떻게, 괜찮습니까?"

필자의 역공 질문에 모임의 분위기는 순간 갈아앉았지만 다양한 얘기들이 쏟아져 나왔다.

"목구멍이 포도청이라서."

"애들 때문에."

"일 때문에."

"아파트 사느라 빚을 져서."

"시골 가면 할일이 없어서."

등등이었다.

필자는 대부분 이야기에는 공감했지만 시골 가면 할일이 없어서라는 말에는 공감할 수가 없었다.

"시골에서 할일이 왜 없겠습니까?"

나는 이 말을 시작으로 필자의 지난 이야기를 잠시 늘어 놓았다.

그들의 표정이 진지해지기 시작했고 필자는 평상시 필자의 생각을 펼쳐 놓았다.

서울에서 은평구이면 강북이니 강남의 아파트 가격보다는 많이 싸겠지만 30평대 평균치로 보면 거의 10억대는 될 것이다. 부채가 있다면 모를까?

팔았을 때 손에 쥐는 순수 금융자산 10억은 우리나라 평균치에서 0.68~0.87정도만이 소유하는 상위 계층으로 탈바꿈을 하게 되는 돈이다.

1가구 1주택으로 양도소득세를 면제 받은 상황이면 더욱 좋고 거래세를 빼고 나서도 상위 계층이 되는 것이다.

"혹시, 골프 다니십니까?"

얘기 도중 필자는 일부러 이런 질문을 던졌다.

반응이 싸늘해졌다.

"꿈같은 얘기지."

"골프는 먼 골프여!"

"하고는 싶지…."

규모 있게 건축업을 직접 경영하신다는 한 분만 빼고는 대부분의 반응이었다.

필자는 날마다 새벽 6시부터 1시간20분 동안 250~300개의 공을 때렸고 필드는 한두 달에 한번 정도 나가는 상황이었다. 덕산면에 있는 필자의 아파트는 48평이었고 매매가는 2억1천에서 2억3천 사이에 거래되고 있다.

"왜 그렇게 싸?"

"48평 확실한 겨?"

"수수깡으로 지어 부렀는가벼 이?"

믿지 못하겠다는 반응들이다.

"아파트 재산세 얼마나 내고 계십니까? 저는 1년에 30만 원 정도 내고 있습니다."

"아니, 고거이 참말이오 이? 서울 사는 것이 먼 죄라고, 우리 사는 것은 사는 것이 아니랑께. 여보, 신랑! 우리도 당장 덕산인가 머시깽인가 하는디로 가 시다. 쩌 냥반 야그 들어분께 서울 살 것이 아니당께요. 어떻소 신랑?"

남편을 쳐다보며 전라도 아주머니는 나의 말에 구수한 장단을 맞춰 주었다.

"이번 울릉도 여행하시면서 돈을 얼마씩이나 들어갔는지요?"

필자의 이야기는 계속 이어졌다.

열흘 동안 울릉도 여행하면서 날마다 독도새우를 두 접시 이상 먹은 이야기, 독도 이야기, 오징어 내장탕 먹은 이야기, 물회 등 울릉도 특산물로만 마음껏 쓴 돈이 차량 승선비용 등 모두 합쳐 거의 800여만 원이었다. 그러나 필자의 주머니에서 나간 돈은 단 한 푼도 없었다. 울릉도 여행 동안 단타투자로 천만 원 정도의 돈을 벌었으니 말이다.

"어떻습니까? 이정도면 실컷 즐기고 이백만 원 정도의 수당까지 생겼으니 말이죠."

부러운 표정들이 일순간 분위기를 어색하게 만들었다. 하지만 긴가민가하는 표정들이기도 하다.

"뭐셔? 인자봉께 주식쟁이 아녀! 아자씨, 우리 신랑헌티 주식 야그 한번 더 해 불면 아자씨 죽고 나 죽소 이, 우짠지 약쟁시 맨키로 야그를 잘 풀어간다 혔드니만… 사기꾼 남시가 살살 풍기고만 이!"

나는 순간 당황했지만 한바탕 웃음이 터져 나왔다. 후포항에 도착할 때까지 술판은 계속 이어졌다.

서로 살아가는 이야기들을 하면서 우리 모두는 얼큰하게 취해져갔다. 전라도 뽀글머리 아주머니는 계속 나를 쳐다보고는 이런저런 질문을 해댔다.

한 번씩 분위기를 폭소의 도가니판으로 만들어 버리곤 했다. 잠시 후 후포항 도착을 알리는 선내 방송이 나오고 나서야 술판의 주변 쓰레기들을 정리하기 시작했다.

"신랑! 요 선상님 말씀 자알 들었지야. 신랑이 주식혀 갔고 왜 망해부랏는지? 선상님, 연락처 한 개 알려 주쇼 이. 그라고 덕산 한번 갈팅께 맛난 거 사줘야 하는 거 아시지라 이!"

다시 한번 한바탕 웃음들이 터졌고 너무너무 즐거운 선상의 술판은 끝이 났다.

실재로 필자는 그들이 시골 각자의 고향으로 낙향하기를 진심으로 바란다. 비슷한 자산을 가지고 돈의 노예로 사는 서울생활보다 돈의 혜택을 누리며 살 수 있는 삶! 그것이 시골생활 아닐까?

참고로, 후포항에서 출발해 울릉도 사동항에 도착하면 직원들이 선상에서 각 개인의 차를 운전해 선착장의 주차 출구장까지 차를 빼 준다. 이와 반대로 울릉도에서 후포항에 도착하면 차주가 직접 차를 운전하여 배에서 하차시켜야 한다. 술을 마신 필자는 직원 한 분에게 약간의 수고비를 드리고 부탁해 후포항 주차장에 차를 주차했음을 알리는 바이다.

제15장
실패(실수)를 통해 성장할 수 있다

주식투자를 하면서 몇 개의 종목 때문에 가슴 치며 후회했던 일이 있었다.

모든 원인이 필자에게 있었음에도 불구하고 필자는 분함을 참을 수 없어 마침 글을 쓰려고 마음먹은 참에 도태되어도 마땅할 회사를 실명으로 기록하고 수많은 개미투자자들에게 피눈물을 흘리게 한 회사의 사장 이름까지 거명하리라 마음먹었었다.

회사 상호까지 바꾸어가면서 그 인간의 몰염치한 사기행각은 계속되었고 금융감독원의 심판은 없었다. 교묘하게 법망을 피해갔겠지만 필자는 글을 통해서 만이라도 반드시 응징하고 싶었던 마음이 간절했던 것이다.

그 간절함은 출판사 편집자와의 전화 한 통화에서 무참

히 무너져 버렸다.

법적으로 필자에게나 출판사에 무조건 불리한 무리수라는 것이었다. 편집자의 말처럼 현실을 인정할 수밖에 없는 것 아닌가 싶다.

대신에 쓰라린 경험을 다른 이들이 겪지 않도록 도움이 될 수 있는 내용으로 채워볼까 한다.

나름대로 권리분석하고 노력을 했음에도 잘못된 선택을 하는 이유 중에 가장 큰 이유는 심리적으로 좇기는 상황에서 투자결정을 하는 것이 결정적 요인이 아닐까 필자는 생각한다.

손실을 빨리 만회하고 싶은 생각.

한 건 잘해서 시드머니를 늘리고 싶은 생각.

천하에 내가 누군데 하는 안일한 자만심.

평상시 나는 기회에 강한 사람이야 하는 자신감.

남편 몰래, 아내 몰래 머지않아 써야 될 급전을 투자한 과욕심.

주식시장에서는 이런 심리 상태의 돈을 귀신같이 알아낸다. 어떤 종목이든 세력들이 있듯이 세력들은 이런 심리상태의 돈을 좋은 먹잇감으로 노리고 왔기 때문이다.

그걸 알면 안하면 그만인데 그게 그렇게 되지를 않으니 그게 문제이다. 필자 역시 실패한 투자종목은 꼭 쫓기는 상태에서 이루어졌다.

누구나 겪을 수 있는 일이기에 필자의 경험을 소개함으로써 큰 실수를 예방할 수 있는 방법을 하나 제시할까 한다.

첫째는 좀 쉬는 것이다.

투자욕구를 버리고 책을 보거나 국민 고스톱을 쳐서 1조 원대의 돈을 벌어 보는 것이다. 필자는 한때 100조 원의 돈을 벌어본 적이 있다. 물론 국민 고스톱에서 말이다.

웃기는 소리라 생각할 수도 있다.

그런데 아니다. 주식투자도 일종의 마약 같은 중독성이 있기 때문이다. 그래서 잠시 쉰다는 것이 그만큼 쉬운 일이 아니다.

주식투자를 잠시 쉬는 것도 치열한 투쟁을 치르듯 해야 가능한 고수들의 전략임을 명심하도록 하자.

둘째는 쉬는 것이 고통스러울 정도로 힘들다면 적은 돈으로 조금만 투자하는 것이다.

주식투자를 하다보면 누구나 쫓기는 상황에 직면할 수밖에 없다.

그것은 고수도 마찬가지일 것이다. 인간은 신이 아니기에 미래의 예측을 정확히 할 수가 없다.

손절을 고민해야 하고 손실 만회를 위한 무리수도 두고 싶은 생각이 불끈불끈 치솟기도 한다. 그럴수록 참아 내야 한다.

시간은 많다. 조금씩 잃은 것을 찾아가면 된다. 필자가 적은 투자금으로 시작해서 10억대에 이르기까지 잃을 때는 조금 잃고 딸 때는 크게 땄던 경험담을 참고하시기 바란다.

결국은 자기 자신과의 싸움인 주식시장에서 승자는 철저한 자기 관리와 자기 개발을 통해 이루어진다는 것을 항상 기억하길 바란다.

제16장
골프는 치는 경비 아저씨의 꿈

이제 이 책의 마지막 내용을 정리할 단계이다.

읽으면서 다들 느끼셨겠지만 필자의 책에는 책 내용에 관련하여 그래프나 각종 도표, 사진 등이 일체 없다. 위의 사진은 편집에서 디자인적으로 사용한 게 전부이다.

왜일까?

필자에게는 깊은 속뜻이 있었다.

예를 들어보자. 필자가 강연자라고 가정해 보자. 시청각 교육의 극대화를 위해 각종 그래프나 도표, 사진은 필요하다. 또한 질문에도 즉시 답할 수 있다.

필자가 수많은 주식관련 책을 보면서 느꼈던 것은 리얼한 내용 전개가 미흡하다는 것이었다.

어떤 한 종목이 상한가를 기록했다고 치자. 또 어떤 종목이 신규 상장일에 따상! 따따상을 쳤다고 치자. 그렇다면 책을 보는 사람이 가장 궁금한 것은 무엇이었을까?

① 그 필자가 왜 그 종목을 투자했는지 일 것이고!
② 권리분석 과정은 어떠했는지!
③ 그때 당시 투자자의 처한 현실이 어떠했는지!
④ 얼마를 투자해서 얼마를 벌었는지? 투자금은 어떤 성격의 돈이었는지?
⑤ 얼마의 수익을 보고 빠져나왔고? 왜 그 시점에 빠져나왔는지 등 일 것이다.

이와 같은 내용을 전제로 역발상을 해보기로 하자.
한 투자자가 책을 쓰면서 위와 같은 내용을 전개해 놓았다.
차트나 도표, 사진은 없다. 시점만 밝혔을 뿐이다.
주식투자로 돈 벌고 싶은 사람이 그 책을 보았다.
주식투자 해서 실패한 사람이 그 책을 보았다.

그렇다면 책속에 전개된 시점의 차트나 시대 상황을 확인해 보기 위해서라도 직접 찾아보는 노력을 하지 않을까?

최소한 그 정도의 노력은 할 것이라고 필자는 생각한다. 또한 바람이기도 하다.

누차 밝혔듯이 필자는 아날로그이다. 그럼에도 차트를 찾아보는 것이나 네이버 검색을 통해 누군가가 주는 정보를 검증할 수 있는 최소한의 능력이 있다.

마음만 먹으면 누구나 할 수 있는 능력 말이다.

편하게, 쉽게, 간단하게, 돈 벌려는 못돼먹은 생각이 사람을 게으르게 만드는 법이다.

주식투자를 해서 돈을 벌고자 하는 마음이 있다면 게으름에서부터 벗어나야 한다.

남석관 님이 출간하는 책들마다 빠지지 않는 내용이 있다.

주식투자의 장점 중에서 제일 큰 장점은 나이를 들어서도 평생 할 수 있다는 것이다.

그렇다. 우리는 백세시대를 살고 있다.

돈은 인간 누구에게나 필요하다. 누구나 돈을 벌기 위해 경제활동을 한다. 그리고 부자를 꿈꾼다.

누구나 부자가 될 수 있다. 단 부자가 되려면 부자 될 짓을 해야 한다.

강원도 정선 카지노에서 패가 망신당하는 사람도 부자의 꿈이 있었다. 그랬기에 카지노장을 찾은 것이다.

지구상에서 영구적인 직업은 주식투자자라는 업종이외에는 없다. 재벌 회장도 때가 되면 은퇴한다.

57세에 시작해서 시드머니 750만 원으로 출발했고 5년이라는 기간을 거쳐 10억이 넘는 금융자산은 물론 48평이라는 적지 않는 평수의 아파트도 장만했다. 덕분에 풍족하고 여유로운 삶을 살고 있다.

필자의 꿈은 여기서 끝이 아니다. 단지 절망적이고 고통스러웠던 그 시간들을 극복하고 이제 1차 목적지에 다다랐을 뿐이다.

이제 2차 목적지를 향해 출발해야 한다. 금융자산 100억이 2차 목표이다. 결코 허황된 목표가 아니다.

자산가로 크게 성공해본 사람들은 모두 알고 있는 공식

이 있다.

천만 원 모으기가 어렵고
천만 원에서 1억 만들기까지도 어렵다.
1억에서 10억 만들기는
천만 원에서 1억 만들기보다 쉽다.

그렇다면 10억에서 100억 만들기는 어떨까?
훨씬 더 쉽다. 이것이 필자가 내리는 결론이다.
왜냐구?
금융자산 10억은 돈이 돈을 벌어 주는 단계에 도달한 아주 든든한 시드머니이기 때문이다.
속된 말로 사람들이 흔히 하는 말이 있다.
"어려운 놈은 계속 어렵고 있는 놈은 계속 부자 된다."
너무나 당연한 경제논리임에도 불구하고 어려운 사람들은 자신이 처한 어려움을 자신에게서 찾으려 하지 않는다.
앞장에서 가난에는 유전자가 없다고 주장한 바 있다.
맞다. 절대 그런 유전자는 없다.

이제부터 모두 부자가 될 수 있는 유전자가 되어 보자. 그리고 모두 부자가 되어 보자.

끝마무리를 해가면서 필자의 꿈을 하나 더 밝히고자 한다. 금융자산 100억의 목적지에 도달했을 때 그 이후의 꿈이다.

덕산에는 필자가 살고 있는 아파트에서 가까운 거리에 "옥계저수지"가 있다.

가야산 자락에서 흘러내리는 맑은 물들이 옥계저수지로 모여든다. 그래서 저수지 물이 깨끗하다.

대략 어림잡아도 15만평 정도 되는 옥계저수지에는 둘레길이 조성되어 있다. 여유 있게 1시간 20분 정도면 맑은 공기와 새들의 지저귐을 만끽하면서 건강을 지킬 수 있는 운동 코스이기도 하다.

필자는 그곳에 별장을 지을 계획이다.

옥계저수지가 한눈에 내려다보이는 곳에 말이다.

드라마나 영화촬영 장소로도 사용될 수 있게끔 아주 특색 있는 구조의 별장을 지을 것이다.

아내에게는 자유를 줄 생각이다. 아파트에서 살기가 편하면 아파트에서 살 수 있는 권리를 주고 텃밭 가꾸면서 별장에서 살겠다면 아내만이 쓸 수 있는 공간을 따로 만들어 화려하게 꾸며줄 것이다.

연로하신 어머니도 모실 생각이다.

3층으로 지을 생각인데 황토방도 만들 것이다. 장작으로 아궁이에 불을 지펴 황토찜질을 할 수 있게 만들어 어머니 동네의 어르신들도 모셔다가 몇 날이든 어머니와 함께 생활하실 수 있도록 어머니의 방은 황제의 어머니가 쓰던 방처럼 만들어 드릴 것이다.

건물 1층에는 "주식투자 연구소"와 "백호장학재단" 사무실을 만들 것이다.

"백호장학재단"을 만들려는 이유는 늦둥이 아들에게 어떤 동기부여를 심어 주어야 되겠다는 생각에서이다.

필자가 할 수 있는 최대한의 금액을 투자해서 덕산면 지역에 살고 있는 학생들을 대상으로 장학사업을 펼칠 것이다.

주식투자 연구소는 예산, 홍성지역 주민으로 한정해서

30여 명 정도의 회원을 모집할 생각이다. 무료가입 할 수 있게 할 것이다. 같이 공부하고 같이 종목선정해서 권리분석도 할 것이다.

수익을 크게 보는 회원들은 한턱내서 다 같이 요리를 만들어 먹고 술도 한잔씩 즐길 것이다.

무슨 소설같이 꿈같은 이야기라고 생각하시는 분들도 분명히 있을 것이다.

필자는 자신 있게 말 할 수 있다.

"나는 무조건 할 수 있다"고 왜냐면 나는 주식투자자이니까!

많은 분들이 이 책을 읽고 주식투자 성공의 대열에 합류하길 바라며 이 장을 맺기로 한다.

| 편집 후기 |

 2024년 7월 29일 빠른 등기우편으로 원고를 출판사에 송달하고 2024년 8월 2일에 출판사 편집자와 통화를 했다.

 몇 가지 내용을 보충해 주었으면 좋겠다는 편집자의 의견이 제시되었다.

 첫째는 전체적인 내용이나 맥락은 거부감 없이 읽힐 수 있는 소재들로 구성되어 있으나 필자가 주식투자를 하면서 학습량이 너무 많은 내용들이 소개되어 책을 읽어 보고 주식투자를 한번 해보고자 하는 이들에게 역효과를 불러일으킬 수 있다는 지적이었다.

 원고를 이미 송달해 버렸으니 다시 한번 꼼꼼히 읽어볼 수도 없는 상황이고 필자는 난감해 졌다.

 추천서를 써준 홍성에 사는 강경원 형님이 원고를 3번이나 재독해 주면서도 없던 지적 사항을 평생 출판업에 몸 바치신 출판사 편집자님께서 말씀하시니 필자는 정말로 난감해 졌다.

필자는 다시 초심으로 돌아가 이 책을 쓰게 된 이유를 먼저 따져 보기로 했다.

늦은 나이에 처음 주식투자를 시작했던 필자는 간절함과 절실함이 일반 투자자와는 다른 강박감으로 작용하지 않았을까? 하는 생각을 해본다.

공무원이나 대기업 종사자로써 근무하며 노후 대책이 준비된 것도 아니었고 이 다음에 65세가 넘어서도 국민연금 같은 수혜 대상하고는 거리가 멀었던 것이 현실이었다.

더구나 처음 삼성전자에 750만 원을 투자해서 전혀 주식투자에 재미를 느낄 수 없었고 무리수를 두어 두 번째 선택한 종목에서 거래정지까지 당하는 어두운 상황을 맞이하면서 '그래, 주식투자는 아무나 하는 게 아니야', '송충이는 솔잎을 먹고 살아야지'하는 현실적인 좌절감 속에 스스로 달콤하게 포기를 받아들이는 미련함을 선택하고자 했던 순간이 있었다.

그러나 마음이 편할 리 없었다.

'주식투자를 포기한다면 무엇으로 노후대책을 세울 것인가?'

'늦둥이 아들 백호가 공부도 잘하고 특히나 애니메이션 그림 쪽에 천부적인 재능을 보이고 있는데… 뒷받침은 무엇으로 한단 말인가?'

필자의 고통스러운 고민에도 해결책을 정확히 제시해 주는 책은 없었다.

다만 그처럼 고통스러웠던 시기에 정주영 회장님이나, 이병철 회장님처럼 대한민국 경제를 일으킨 영웅 같은 기업인들의 과거 실패담이나 극복기들이 필자의 포기를 과감하게 떨쳐 주었다.

그리고 새로운 도전을 시도하게 만들었으니… 이는 평상시 독서량이 주식투자하고는 떼려야 뗄 수 없는 필연임을 우리 모두는 알아야 할 필요가 있다.

실패를 통한 깨달음은 스승 없이 스스로 깨달은 것이므로 그 가치는 무한대의 자산임이 확실하다. 실패할 때 마다 모두가 포기했다면 자랑스런 대한민국도 없었을 것이고,

개인들의 성공도 없었을 테니 우리 모두 실패를 두려워 말고 정정하고 당당하게 주식투자에 도전해 보길 권유한다.

  편집자께서 편집 후기에 필자에게 이런 글을 쓰라고 지적 사항을 말씀하신 것이 아니란 걸 잘 알고 있다.
  그래서 "과유불급"을 논하고자 한다.
  "지나치면 부족함만 못하다."
  맞다. 너무너무 현명하고 지혜로운 말씀이다.
  부모의 일류대학병에 자살하는 자식이 생기는 현실!
  사랑이 과유해서 사랑하는 사람을 구속하는 현실!
  과시욕이 차고 넘쳐 얻어지는 불급만도 못한 파탄들!
  신문지상 사회면에 보도되는 내용들의 근원을 파고 들어가면 모든 문제는 "과유불급"에서 일어나는 문제들이다.
  출판사 편집자님은 포괄적으로 그런 부분을 필자에게 지적해 주신 것이 아닐까?
  "구슬이 서 말이라도 꿰어야 보배란 말이 있지 않은가?"
  그렇다. 난 또 깨우쳐야 한다.
  필자의 학습량은 아내가 학을 뗄 정도로 과한 부분이 많았다.

이 책의 제목 보고 책을 한 권 사신 분이 읽다가 중간에 쓰레기통에 버릴 수 있음을 상상해 본다. 그분의 생각은 어떨까?

'나는 그렇게까지는 못해.'

'나는 책만 보면 졸린데 뭐.'

'나는 차라리 다른 방법을 찾을 거야.'

필자가 이 책을 쓰기로 마음먹은 초심을 다시 기록하고자 한다.

① 전국의 경비 아저씨들

② 정년퇴직 후 제2의 인생을 설계하시는 분들

③ 주식투자를 처음 시작하고자 하시는 분들

④ 주식투자 실패로 고통의 시간을 보내시는 분들

필자는 이런 분들을 위해 도전하기를… 시작하기를… 포기하지 않기를… 바라는 마음에서 능력 없는 글쓰기를 한 것이다.

신화라면 신화이다.

그것도 아주 작은 신화이다.

그러나 필자는 아주 작은 신화를 위해 최선을 다했노라고 당당히 말할 수 있다.

누구나 똑같을 수는 없다.
그래서 새로운 생각을 제시하고자 한다.
하나의 요점 정리로 필자의 생각을 전달해 보고 싶다.
필자가 주식투자를 그동안 하면서 270여개 종목을 관심종목으로 설정해 상황에 따라 A급, B급, C급, D급으로 나누어 집중 관리했음을 앞서 밝힌 바 있다.
사실 힘든 일이다. 전업 투자자도 아니면서 그리한다는 것은 또 다른 삶의 노예일 수밖에 없는 시간 투자가 들어간다. 그로인해 황폐화 되는 삶도 동반된다.
필자는 그렇게 안하면 죽는 줄 알고 그렇게 한 것뿐이다.
책 보는 것도, 신문 보는 것도, 뉴스 검색하는 것도, 새벽에 환율 확인하고 실시간 미국증시 확인하는 것도….
이 모두가 필자는 그렇게 안하면 죽는 줄 알고 한 것이다. 아니 안하면 내가 견딜 수 없었다.
그러나 모든 투자자가 필자처럼 그렇게 하는 것은 아니

다. 필자의 노력 100/1만 해도 더 크게 성공하신 분들이 너무나 많은 게 현실이다.

아주 작은 신화에 흥분되어 주제넘게 책을 출간했다고 정상에서 비웃을 분들이 이 세상에 얼마나 많이 존재할 것인가? 이 물음표에 여기에서 해답을 얻으시길 간절히 바란다.

누구나 똑같을 수는 없다.

이 책의 내용을 참고삼아서 나만의 노하우를 만들어 낼 수 있다면 그것이 성공을 보장하는 것 아닌가?

누구나 똑같을 수 없다.

누구나 자신만의 장점이 있기 마련이다.

그 장점만 잘 살린다면 한 끗발 이기고 시작하는 게 아닐까? 정작 중요한 것은,

① 도전하는 것이고

② 시작하는 것이고

③ 포기하지 않는 것이다.

이 세 가지 선행 조건이 이루어져야만 자기 개발이든 자

기 관리이든 노하우든 생기는 것이다.

여기까지 내용을 출판사 편집자님의 첫 번째 지적 사항에 대한 답변을 대신하고자 한다.

칭찬이 아닌 꾸중이 돌아올지라도 편집자님의 뜻에 충실하고자 했던 필자의 마음은 편집자님의 마음을 깊이 잘 헤아리고 있음을 지면을 통해 전하고자 합니다.

편집자님께서는 한 분이라도 더 책 읽기를 중간에 포기하지 않고 끝까지 읽어 10억대의 금융자산 부자가 탄생하기를 바라는 출판인의 진정한 참 정신을 실천하시고자 하는 마음을 출판기간까지 연장하면서 편집후기를 필자에게 요구하신 뜻을 너무나 잘 알고 있기에 온 정성을 다해 전합니다.

두 번째, 출판사 편집자님의 지적 사항에 대해 논하고자 합니다.

"계란을 한 바구니에 담지 말라"는 내용을 통해 보충해 달라는 말씀이었습니다.

동서양을 막론하고 주식투자 고수들이 한결같이 주장하

는 명언 중에 명언입니다.

편집자님께서 이런 지적 사항을 필자에게 전달하게 된 계기는 필자가 원고 초안을 출판사에 속달로 등기우편 송달 후에 내용을 전부 읽어 보신 후 이 책의 9장에 게재되는 "피 말리는 기다림의 시간! ATS" 편을 보시고 조언하신 내용입니다.

원고 초안을 송달할 당시의 내용은 책에 이미 수록될 것이고 막대한 손해를 보고 있는 상황에서 필자의 생각을 그대로 적어 출판사에 원고를 보냈던 필자는 한편으로 거대한 자만심에 빠져 있었는지도 모르겠습니다.

2024년 5월 초에 아내하고 저는 증권계좌를 따로 독립해서 주식투자를 하는 상태였고 저는 독립된 상태로 "ATS"에 몰빵투자 과정을 시작하는 단계였습니다.

2024년 5월부터 2024년 8월 2일(금)요일까지 투자일기를 통해서 왜 출판사 편집자님께서 "한 바구니에 담았냐?"

걱정하시면서 자신의 일처럼 걱정해 주셨던 내용입니다.

2024년 8월 1일 ATS의 종가는 2,085원.

필자는 반등을… 그것도 계속되는 반등을 예상했습니다.

다음날 새벽 실시간 미국증시를 확인해 보니 전체적 급락! 그것도 엄청나게… 머리가 혼란스러웠습니다.

미국의 연방준비제도 이사회의 9월 금리인하 출발이 예상되어 있고 미국 경제의 하락기사가 보도되면서 금리인하 시점이 좀더 빨리 진행될 것으로 예측했던 필자는 정 반대의 현상이 일어나자 머리가 지끈거리기 시작했습니다.

한국증시는 개장되자마자 미국증시처럼 급락에 급락을 거듭했고 온통 파란불이 전 종목을 지배하기 시작했습니다.

결국 ATS의 종가는 1991원이었고 외국인 매도수량은 16만주가 넘었습니다.

그래도 필자는 한 가닥 기대를 걸었습니다.

왜냐구요?

8월 2일 거래량이 46만주를 넘었고 외국인이 16만주 넘게 매도했다 해도 "ATS"의 가장 큰 단점인 신용거래물량이 20만주 넘게 강제 매매되었을 것이다 하는 기대치 때문이었습니다. 그러나 8월 3일 새벽 미국증시를 다시 확인해 보고 증권플러스를 통해 "ATS"의 신용거래 물량을 확인한

다음에야 저는 식욕을 완전히 잃고 말았습니다.

"미국증시 또 급락."

"ATS 신용거래량 겨우 1만6천주"

암울했습니다.

"여보, 나 좀 봐요."

늦잠 많은 왕비인 아내를 불렀습니다.

"여보, 당신 종목 얘기 좀 해봐요."

아내는 아직 잠이 덜 깼습니다.

"당신 종목 현황 좀 알려고."

저의 목소리가 커졌습니다.

"당신거하고 비슷할 거예요. 알잖아요. 나는 벗어나지 못하는 거."

가슴이 철렁했습니다.

부부 합동 평가액이 10억을 넘었었는데 아내도 그동안 필자에게 훈련된 탓이었던지 다른 종목을 찾지 못하고 필자처럼 ATS에 올인하고 있었던 것이었습니다.

더구나 신랑이 하는 대로 주식담보대출까지 해서 말입니다.

"근데 왜 그래요? 새벽부터….”

근심걱정 없는 아내의 투정스런 말투기 이어진다.

필자는 정성스럽게 설명했다. 그리고 무언가 대책을 세워야 할 때가 온 것 같다고 이야기 했다.

"여보, 손실률이 20%를 넘었어요?"

아내의 질문인데 왜 나는 한없이 맥이 자꾸만 빠지는 걸까?

"헐! 참! 나는 어이가 없다."

"당신답지 않게 왜 그래요. 당신이 그랬잖아요. 손실률 30%가 돼도 각오하고 버틸 거라고….”

"엉! 내가 언제?"

"뭐야? 뭐야? 골프연습장이나 다녀오세요."

아내는 피곤하다며 안방으로 들어가 버렸다. 그때서야 뭔가 머리가 맑아지는 느낌이 왔다.

'맞아! 그랬지. 난 ATS에 확신이 있었지.'

주식투자를 하다보면 그 자체가 고통일 때가 많이 있기 마련이다.

때로는 내가 간신인가 생각될 정도로 흔들리는 마음을 주체하지 못하는 상황들이 수없이 발생하기도 한다.

아내의 말 한마디에 필자는 운동 욕구가 일었다.

그리고 공을 때리며 몸 풀리기에 집중했다.

비거리 드라이버 치기 200개의 공을 때릴 때까지 잠시도 쉬지 않고 몰아쳐 때렸다. 온몸에 땀이 흠뻑 젖었다.

담배를 한 대 피우고 샤워실에서 찬물을 뒤집어썼다. 그리고 다시 골프채를 잡았다.

이번에는 30미터 바구니에 가볍게 쳐 넣는 나만의 운동법에 몰입했다. 100개의 공을 치면서 20개의 공이 바구니에 홀인원 됐다.

만족했다. 그리고 결정했다.

'마이너스 30%가 되더라도 버틸 것이다.'

출판사 편집자님은 9월 중이면 책 출간이 가능하다고 했다. ATS의 최종 결과를 편집 후기에 실어야 하니 말이다.

필자는 말했다.

8월 중순에 ATS의 2/4분기 실적발표가 있으니 필자의 투자 결과는 그때서야 최종판단이 날 것이라고….

그리고 그보다 3개월 정도 더 늦어질 수도 있다고….

필자는 8월 4일 오늘 밤을 새워서라도 편집 후기를 마쳐 8월 5일 월요일 아침 출판사에 보낼 생각으로 이 글을 쓰고 있다.

끝내 결국 ATS의 투자 결과는 이 책에서 필자의 손을 떠난 상태에서 결판이 날듯하다.

한 분의 독자님이라도 이해를 바라는 바이다.

추가 첨부하는 내용은 출판사 편집자님의 지적 사항인, "한 바구니에 담지 말라"는 내용에 있어서 필자 또한 절대적 원칙의 중요성을 잠시 망각한 상태에서 이 글을 쓴다는 솔직한 고백을 밝히는 바이다.

투자금액이 1억 정도만 되어도 2~3개 종목에 분산투자 해야 하는 것은 절대적 원칙임에 틀림없다.

필자도 그 원칙에 충실하고자 했고 그렇게 해온 것이 사실이다. 지금 이 순간 필자는 강변하고자 한다.

필자의 몰아치기가 성공하면 그것도 또 하나의 투자성공 사례가 될 것이고 실패하면 원칙을 어긴 대가로써 주식투자자들에게 확증된 경험사례로 흔들리지 않는 교훈으로 자리매김 될 것이다.

　이제 와서 두 개의 바구니로 나눌 수도 없는 것이 현실이니 필자의 고독한 결행을 지켜보아 주시길 간곡히 바라는 바이다.

　마지막으로 출판사 편집자님의 조언은 "김승호 회장님의 『돈의 속성』"에 대한 내용을 보충해 달라는 것이었다.

　여기 대목에서 필자는 출판사 편집자님 진면목을 느끼게 되었다.

　『돈의 속성』은 한솜미디에서 출간된 책이 아니다. 수많은 출판사들이 있고 필자들은 출판사를 선택할 권리가 있다.

　필자가 한솜미디어 출판사를 선택한 이유는 간단하다.

　첫째는 요즘처럼 책을 안보는 세상에 그 오랜 세월 출판인의 지위를 끝까지 잃지 않은 삶이 증명되었기 때문이고,

　둘째는 필자의 아내나 늦둥이 백호가 편집자님의 관상이 너무 진실해 보인다는 것이었다.

　필자는 아내나 늦둥이 아들의 사람 보는 눈을 믿고 투자해서 손해를 본적이 단 한 번도 없다.

　김승호 회장님께서 왜 한솜미디어 출판사 편집자님과 인

연이 없었던지 그 아쉬움은 있을지라도 『돈의 속성』은 필자의 인생관을 바꾸어 놓은 책임에는 틀림이 없다.

책만큼 인생에 소중한 것은 없다고 필자는 감히 주장하는 바이다. 책이 없었다면 우리네 인생들이 어떻게 링컨을 알 수 있었을까?

이순신 장군의 『난중일기』가 없었다면?

스승님의 스승은 책이다!

필자가 스스로 깨달은 진리이다.

더 이상 『돈의 속성』이란 책에 대해 필자가 읽어보고 깨달음을 얻으면 보배이고 몇 장 읽다가 버리면 쓰레기인 것을…

편리함에 나태해져 가는 나를 발견하지 못하면 그 얼마나 불행인가?

세상 살아가면서 진정한 돈의 가치를 모르고 살아가는 사람들이 얼마나 많은가?

"돈에도 성격이 있고 주인이 있다"는 그 엄청난 진리를 필자는 김승호 회장님의 『돈의 속성』 책을 읽고 깨달았다.

온몸에 소름이 돋을 정도의 깨달음이었다.

이 깨달음을 어찌 감히 글 몇 장 보충으로 가능할까?
제발 꼬옥 구독해서 읽어보시기를 절절히 갈구한다.
이제 이 책의 편집 후기까지 필자의 손을 떠나보냅니다.

    2024년 8월 5일 새벽 04시:27분 37초에
        덕산에서 양현철